進化

をつかむ

共働き・共育て家族マーケティング

ジェイアール東日本企画
イマドキファミリー研究所

宣伝会議

はじめに

共働き「イマドキファミリー」は、いまや子育て世帯のマジョリティ

「かつては専業主婦世帯が多かったが、今は共働き世帯が増えている」。ファミリー向けに商品を開発したことのある人はもちろん、それ以外の人も、何となく聞いたことやニュースで見聞きしたことがあるかもしれません。共働き世帯数が専業主婦世帯数を逆転したのは1996年。以降その差は開きつづけ、最新の調査では共働き世帯の数は専業主婦世帯の約2・8倍となっています（図01）。

それでは「子育て期における世帯」において、共働き率はどのくらいを占めているのか、具体的にイメージできるでしょうか。

図01 共働き世帯数と専業主婦世帯数の推移（妻が64歳以下の世帯）

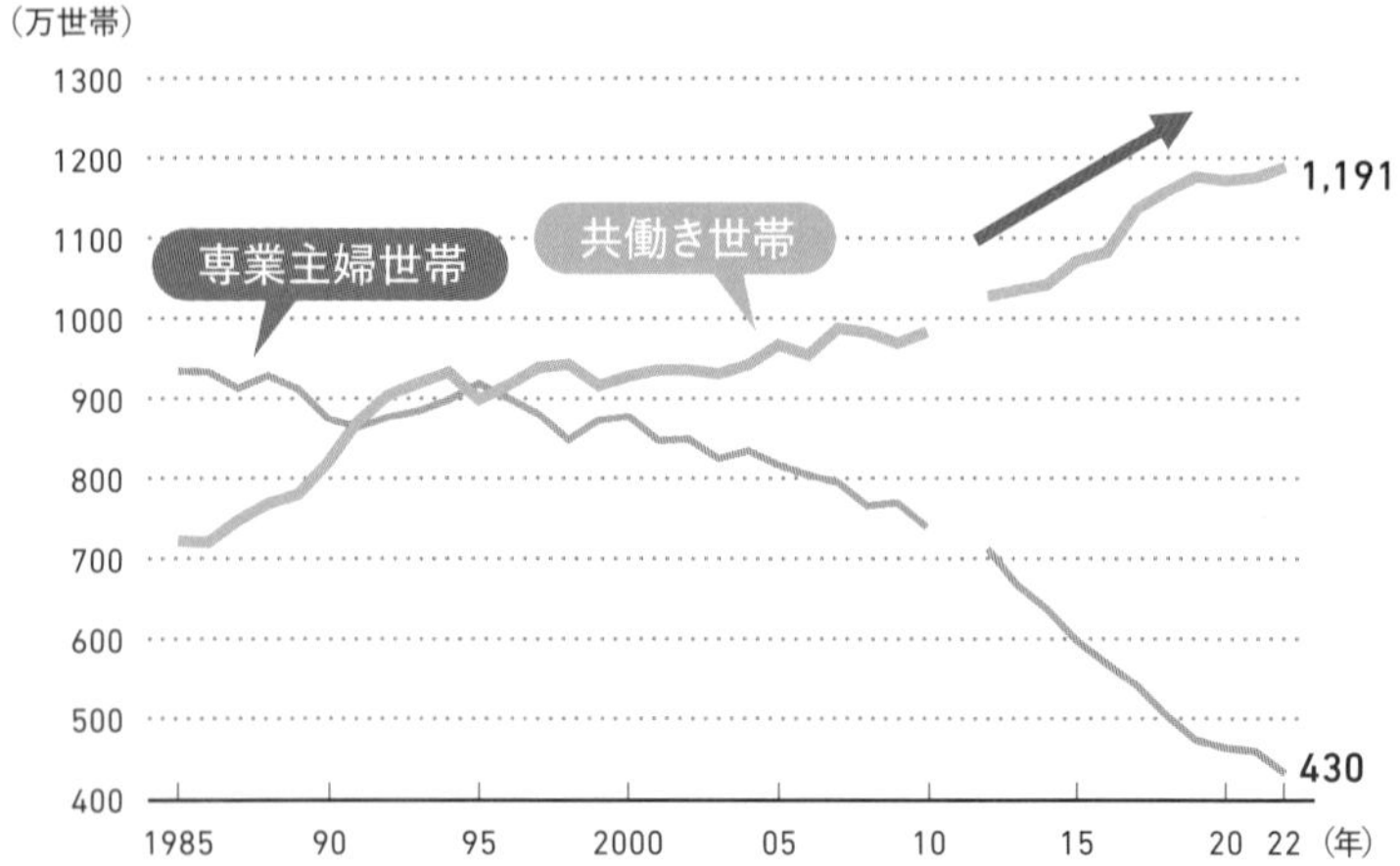

出典：内閣府「男女共同参画白書（令和5年版）」より作成
https://www.gender.go.jp/about_danjo/whitepaper/r05/zentai/html/zuhyo/zuhyo00-op02.html

図02 夫婦と末子17歳以下の子供から成る世帯における共働き率

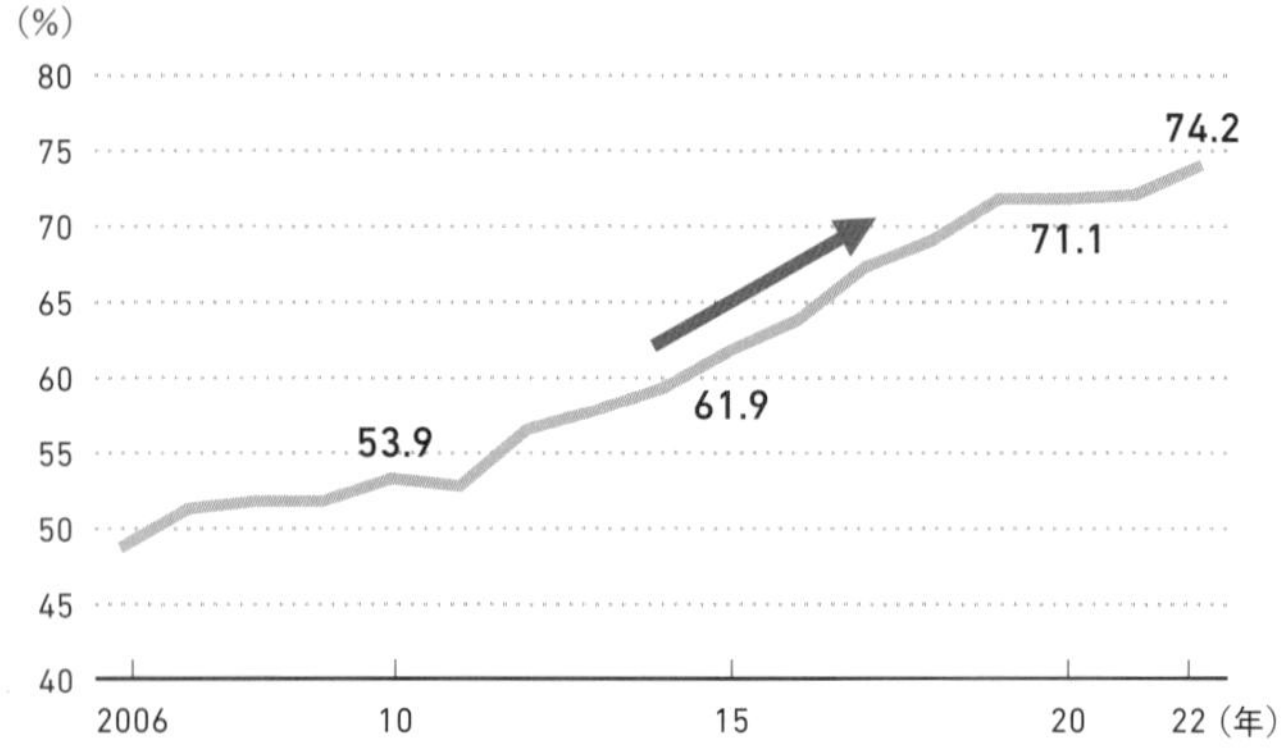

出典：総務省「労働力特別調査」「労働力調査」より作成

その割合は年々高くなっており、今や「夫婦と末子17歳以下の子供から成る世帯」の74・2%にものぼります（図02）。すでに共働きは子育て世帯におけるマジョリティと言えるでしょう。「男性が外で働いて、女性は家事育児をする」スタイルは、とうの昔に脱却しているのです。

家族の変化で「従来型のマーケティング」が通用しなくなってきた

ところで、「共働き子育て世帯」と聞いて、皆さんはどのような姿を思い浮かべますか。「毎日慌ただしく、洗い残した食器が積みあがっている」「仕事が忙しく疲れているので、休日は家でぐったり」「罪悪感を持ちながら、できあいのお惣菜を家族の夕食に出している」…？　そのイメージは、もう古いかもしれません。

私たちイマドキファミリー研究所は、その名の通り、イマドキの子育て家族のインサイトを捉え、企業と家族の最適なコミュニケーションを発見・創造することをミッションとした、株式会社ジェイアール東日本企画のプランニングチームです。

２０１４年の発足時より、首都圏在住で夫婦ともにフルタイム勤務の子育て世帯を「エクストリーム子育て層」と捉えることで、少し先の未来のマーケティングを提案していこうと研究を重ねてきました。研究を通して出会ったのは、忙しい毎日を乗り切るためにさまざまな戦略を取る「イマドキ」の家族でした。彼ら・彼女らからは今までイメージされてきた共働き子育て家族とは違う像が見えてきました。

イマドキファミリーを知れば経営戦略も変わる

私たちは、ファミリーをターゲットにマーケティングや商品開発を行う多種多様な企業で勉強会やセミナーを実施していますが、参加者からイマドキファミリーのインサイトに対する驚きの声をいただくことがあります。また、今まさに「イマドキファミリー」として勤務する比較的若い参加者から、「従来型の家族イメージを持っている経営層に対し、企画が通りづらい」という話をたびたび聞くこともあります。

子育て家族のボリューム層かつ、新たな価値観・ニーズを持つイマドキの共働き家族は、マーケティング・コミュニケーションのターゲットとして有望なだけではなく、企業の主要な働き手となってきています。イマドキファミリーの意識・実態を知ることは、企業のマーケティング活動において重要であるのはもちろんのこと、企業経営を考える上でも重要になってくると感じています。

「フルタイム共働きは大変」だからこそアプローチすべき

昭和から平成、そして令和へと時代が変わり、社会全体が大きな変遷を遂げている中、家族の価値観やあり方まで大きく変化しています。政府は2023年に発表した「こども未来戦略方針」で、「共働き・共育ての推進」を掲げました。男性の育児休業の取得推進など、夫の家事・育児参加を増やすための種々の支援制度が急ピッチで整えられつつあります。

しかし、両親ともにフルタイムで働きながら子育てをするのは容易ではありません。だからこそ新しいニーズが生まれているのです。イマドキファミリーは、企業にとって有望なアプローチ先だとも言えます。

イマドキの共働き家族は、どのようなことに悩みを抱え、どのようなニーズを持ち、どのような考えで日々の生活や子育てに臨んでいるのでしょうか。

本書では、当研究所がこれまで行ってきた調査研究を通じて、イマドキの共働き家族の多様なニーズや行動を明らかにし、これからの家族に向けたマーケティング・コミュニケーションにおけるヒントを示していきます。本書がイマドキの家族に適切なコミュニケーションを取るための一助になれば幸いです。

About imadoki family Lab.

イマドキファミリー研究所®について

ここで、私たちが所属する「イマドキファミリー研究所」について、自己紹介したいと思います。イマドキファミリー研究所は、広告会社である株式会社ジェイアール東日本企画のプランニングチームです。子育て家族の中でも、特に近年増加し続けている「フルタイム共働き子育て家族」[*1]に焦点を当てて研究を行っています。研究所のチームメンバーは、全員がフルタイムで働く共働きの子育て経験者。さらに、コミュニケーション戦略を考えるストラテジックプランナーのチームで、研究の結果を家族向けの広告コミュニケーションや商品開発支援、メディア設計などの提案に生かすことをミッションに活動しています。

「フルタイム共働き」に研究対象を絞った理由

なぜ、私たちが「フルタイム共働き子育て家族」という限定的な対象を研究しているのか、疑問に思う人もいるかもしれません。当社は、広告・コミュニケーションデザインを主な生業として、クライアント企業の事業支援を行っていますが、マーケティング・コミュニケーション戦略を考える上で、ターゲットインサイトを的確に捉えることは大変重要です。Z世代マーケティング、シニアマーケティングなどに代表されるように、ライフステージによって人々の価値観や意識・行動は変化します。共働き世帯が増える中で、「出産・育休」は、まさに価値観の一大転換期となります。

この後の章で、さまざまなデータを用いて紹介しますが、「フルタイム共働き子育て家

＊1 イマドキファミリー研究所は「フルタイム共働き」を、「正規雇用を中心とした、夫が週5日・35時間以上、妻が週5日・30時間以上勤務の夫婦」としています。

族」は家事・育児・仕事を抱えて非常に忙しく、子育て家族の中で最も時間的余裕がない生活をしています。その分、生活に対する困りごとが多く、フルタイム共働き子育て家族は「生活をより良くするための強いニーズを持つ人たち」と言えます。その人たちの価値観・インサイトをきちんとつかめるかどうかは、ファミリーをターゲットとする企業において、今後の成長の大きなカギになると考えました。

「家族研究」から、ターゲットを絞って一歩先へ

研究開始当初は、まだフルタイムの共働き世帯はさほど多くありませんでしたが、これからますます増えるであろうことを見越して、私たちの研究がスタートしました。これまでも家族研究を行っている企業・団体は多数ありましたが、私たちは「フルタイム共働き子育て家族」にフォーカスし、詳しく研究していることを強みとしています。

また、さらなる特徴として、研究対象が「首都圏在住」であること、加えて「小学生以下の子どもを持つ」世帯を中心としていることが挙げられます。[*2]「首都圏」を対象にした理由は、子どもがいる共働き世帯の「親との同居率」が首都圏で特に低いことにあります。

実家の助けが少ない共働き世帯は、外部のサービスや便利な商品へのニーズが高いはず。こうした世帯は、最も「イマドキ」であろうと考えました。また、小学校低学年までの子育ては、出産→育休→仕事復帰→未就学児の育児→小学校入学と、子育ての中でも親の関わりが特に強い激動の期間となります。意識や行動の変化も起きやすく、この子育て期間のニーズやインサイトを捉えることが、ファミリーマーケティングを行う上では不可欠であると考えています。

＊2　研究テーマによっては全国規模で実施している調査・子の学齢を拡大している調査もあります。

研究結果を生かしたセミナーや企業のマーケティング支援も行う

私たちは、毎年テーマを変えながら調査研究を行い、時代の流れとともに変化する共働き子育て家族の行動実態や意識を明らかにしています。また、それらの研究で得られたデータを元に、各企業で勉強会やセミナーを実施することもあります。

共働き世帯が多数派となった今も、常にイマドキの家族の意識や行動には変化が生まれ続けています。それらの変化を常にキャッチアップし、各企業の商品やブランドのコミュニケーション全般を支援しています。

「当事者」として、イマドキファミリーをハッピーにしたい

また、常に潜在化しているニーズをつかむためには、「共働きママ当事者としての実感」を生かすことが非常に重要だと感じています。自らが家事・育児・仕事を並立させていることで、メンバー間での何気ない雑談の中から気づきを得ることも多く、常に活発な議論を交わしています。

企業側と、ターゲットである子育て家族の両方の視点から考察することで、企業も家族もハッピーにしたい。そんな思いを胸に、私たちは日々、研究・活動に取り組んでいます。

本書で取り上げる イマドキファミリー研究所の調査一覧

① 2015年度 ワーキングマザーに関する調査

調査地域：東京・神奈川・千葉・埼玉
調査方法：インターネット調査
調査対象：20～49歳の女性1600名
調査期間：2015年11月

② 2016年度 共働き家族の実態調査

調査地域：首都40km圏
調査方法：インターネット調査
調査対象：末子が0歳～小学校3年生の25～49歳の既婚男女1710名
夫婦同居であること。親同居者は除外。
調査期間：2017年2月

③ 2017年度 共働き家族のメディア接触に関する調査

調査地域：首都40km圏
調査方法：インターネット調査
調査対象：長子が0歳～小学校3年生の28～49歳の既婚男女1362名
夫婦同居であること。親同居者は除外。
調査期間：2017年9月

④ 2018年度 イマドキ家族の食事に関する共同研究※

【夕食の実態と支度に関する調査】

調査地域：首都40km圏
調査方法：インターネット調査
調査対象：長子が1歳～小学校4年生の25～49歳の既婚女性978名
夫婦同居であること。親同居者は除外。
調査期間：2018年6月

⑤ 2018年度 イマドキ家族の食事に関する共同研究※

【夕食の食卓写真分析】

調査地域：首都40km圏
調査方法：インターネット調査
調査対象：長子が1歳～小学校4年生の25～49歳の既婚女性97名
調査期間：2018年6～7月（最大3日分の食卓画像を提出）

※「イマドキファミリー研究所」とオレンジページ「次のくらしデザイン部」との共同研究

❻ 2018年度 イマドキ家族の食事に関する共同研究※
【朝食・夕食の9日間の写真日記調査】

調査地域：東京・神奈川・千葉・埼玉
調査方法：MROC（オンライン日記調査）
調査対象：末子3歳以上かつ長子小学校4年生以下の25〜49歳の既婚女性25名
夫婦同居であること。親同居者は除外。
調査期間：2018年9月

❼ 2019年度 ママの買い物調査
調査地域：首都40km圏
調査方法：インターネット調査
調査対象：長子が0歳〜小学校6年生の25〜49歳既婚女性1293名
夫婦同居であること。親同居者は除外。
調査期間：2019年6〜7月

❽ 2019年度 共働き家族のお出かけ調査
調査地域：首都40km圏
調査方法：インターネット調査
調査対象：長子が0歳〜中学生の25〜59歳既婚男女1000名
夫婦同居であること。親同居者は除外。
調査期間：2019年7月

❾ 2020年度「コロナ禍におけるパパ・ママの意識・行動変化」調査
調査地域：首都40km圏、中京圏、関西圏
調査方法：インターネット調査
調査対象：末子が0歳〜小学校3年生の25〜49歳既婚男女2160名
夫婦同居であること。親同居者は除外。
調査期間：2020年6月〜7月

❿ 2020年度イマドキ家族の子供への意識実態調査
調査地域：首都40km圏
調査方法：インターネット調査
調査対象：長子が0歳〜小学校6年生の25〜49歳の既婚男女1591名
夫婦同居であること。親同居者は除外。
調査期間：2021年2月

⑪ 2021年度 子育て家族に関する調査

調査地域：首都40km圏
調査方法：インターネット調査
調査対象：末子が0歳〜小学校3年生の25〜49歳の既婚男女1800名
夫婦同居であること。親同居者は除外。
調査期間：2021年8月〜9月

⑫ 2021年度 共働き夫婦に関する調査

調査地域：首都40km圏、中京圏、関西圏
調査方法：インターネット調査
調査対象：子がいない25〜39歳の既婚男女1600名
夫婦同居であること。親同居者は除外。
調査期間：2021年11月〜12月

⑬ 2022年度 共働きママのお金に関する調査

調査地域：全国
調査方法：インターネット調査
調査対象：長子が0歳〜大学生の20〜49歳の既婚女性2000名
夫婦と子のみの世帯／夫婦のみの世帯
(子は寮生活や一人暮らしでも可)。
調査期間：2022年8月〜9月

⑭ 2022年度 ダブルスパパへのデプスインタビュー

調査地域：首都40km圏
調査方法：デプスインタビュー
調査対象：25〜39歳の既婚男性4名
直近3年以内育休取得者で夫婦の役割分担で、
「ダブルス夫婦」判定者。
調 査 日：2022年9月

⑮ 2022年度 ダブルス夫婦に関する調査

調査地域：全国
調査方法：インターネット調査
調査対象：長子が0歳〜小学校3年生の25〜49歳既婚男女600名
夫婦同居であること。親同居者は除外。
調査期間：2022年12月

(注) いずれの調査も、フルタイム共働き勤務者を対象としています。
比較対象として、専業主婦やパート・アルバイト勤務者やその夫も対象としている調査があります。
※本書内の図の構成比は小数点以下第2位を四捨五入しているため、足し上げた数値が合計値と異なる場合や、合計しても100%とならない場合があります。

目次

第1章

変化する世帯スタイルとイマドキファミリーの価値観

第2章

イマドキファミリーの「食」事情

第3章

思考をアウトソーシングする「考えない戦略」に商機

第4章

「イベント」「おでかけ」「習い事」に見る、子ども消費の糸口

第5章

イマドキママのインターネット活用術

第6章 イマドキ「共働き・共育て夫婦」の現在地

第7章

未来の家族はこんな提案を待っている

第1章

変化する世帯スタイルとイマドキファミリーの価値観

時代とともに変化した「女性が働くこと」への意識

正規雇用の母親が増えている

「はじめに」で示した通り、今や「夫婦と末子17歳以下の子供から成る世帯」における共働き率は74・2％。「共働き子育て家族」は、子育て層のメインストリームになっています。この共働き率の割合は、２００７年に半数を上回りマジョリティとなり、年々増加しています。

注目したいのは、「正規雇用されている母親」の増加です。厚生労働省の「国民生活基礎調査」によると、末子17歳以下の同居児童がいる母親の勤め先での呼称は、「会社・団体等の役員・正規職員・従業員」が増加傾向にあり、２０２２年に「パート・アルバイト」を

図03　末子17歳以下の同居児童がいる母親の勤め先での呼称

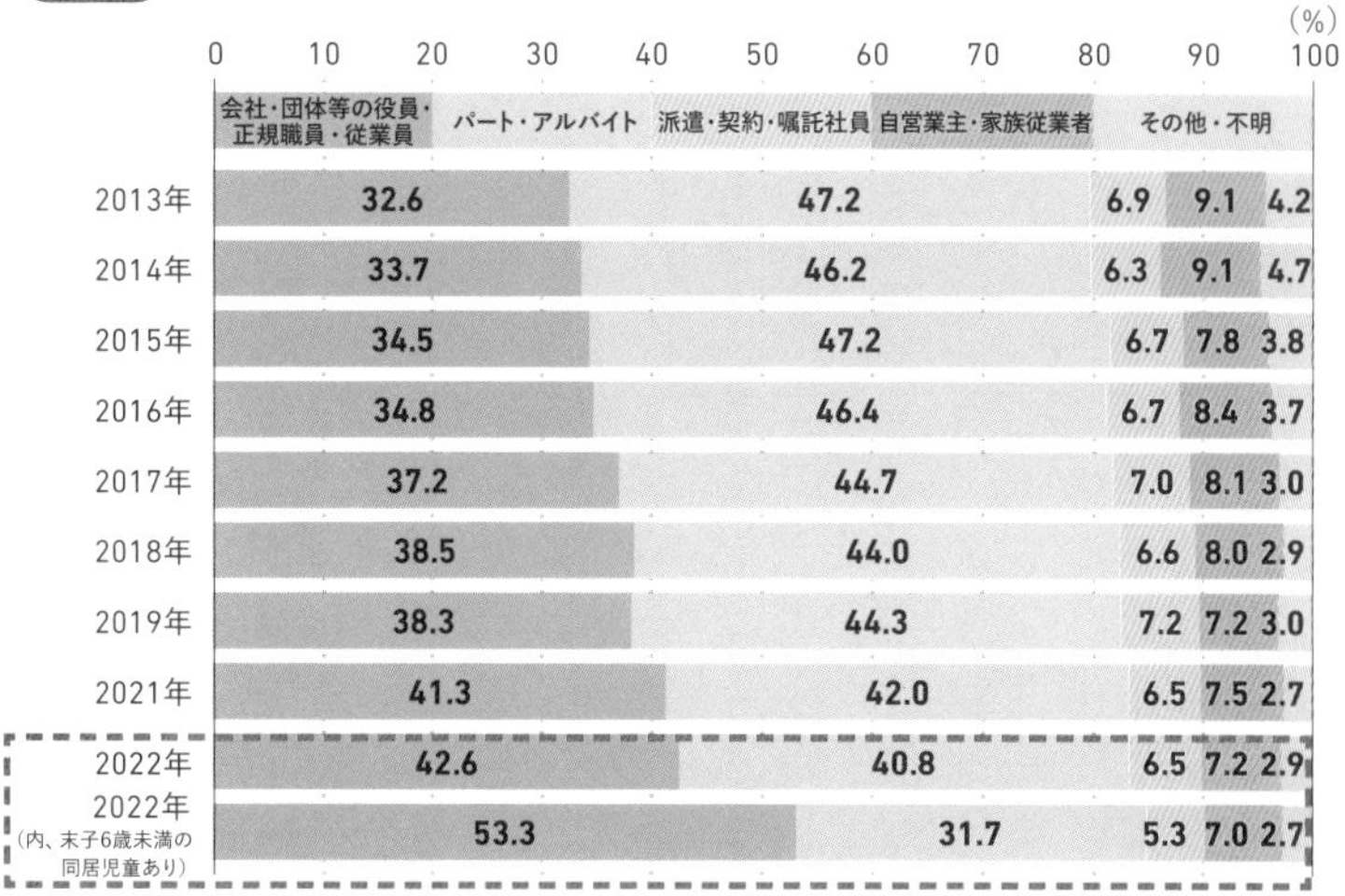

※2020年調査未実施　　出典：厚生労働省「国民生活基礎調査」より作成

逆転し、初めて最多となりました（図03）。

さらに、末子6歳未満の同居児童がいる母親に絞ると、その傾向はより強くなり、「会社・団体等の役員・正規職員・従業員」が半数以上を占めます。今後も正規雇用として働く女性が増加することが予想されます。

「男性は仕事」「女性は家庭」の時代は終わった

共働き増加の背景には、リーマン・ショックなどの経済的要因、男女雇用機会均等法施行や女性活躍推進法といった法整備とそれに基づく企業の取り組みなどが挙げられますが、ここではその背後にある就労観・家庭観の変化に焦点を当てて解説します。

まず、「18歳から34歳の未婚女性の『ライフコースの希望』」（内閣府「男女共同参画白書 令和5年版」）を時系列で見ていきましょう（図04）。

「専業主婦」を理想とする女性は1987年に33・6％でしたが、34年後の2021年は13・8％まで低下しました。一方で、仕事を継続し、子育てとの「両立」を理想とする女性は1987年の18・5％から2021年には34％まで増加しました。

また、同調査によって、同じ年代の未婚男性においても、将来のパートナーに対する期待が変化していることが確認できます。「専業主婦」を理想とした男性は、1987年には37・9％を占めていましたが、2021年には6・8％まで低下しました。

昭和のバブル期から、平成のリーマン・ショック、そして令和のコロナ禍まで、時代の変遷に伴う就労観の変化によって、「男性は仕事」「女性は家庭」というイメージが転換したことが見受けられます。

図04 ライフコースの希望

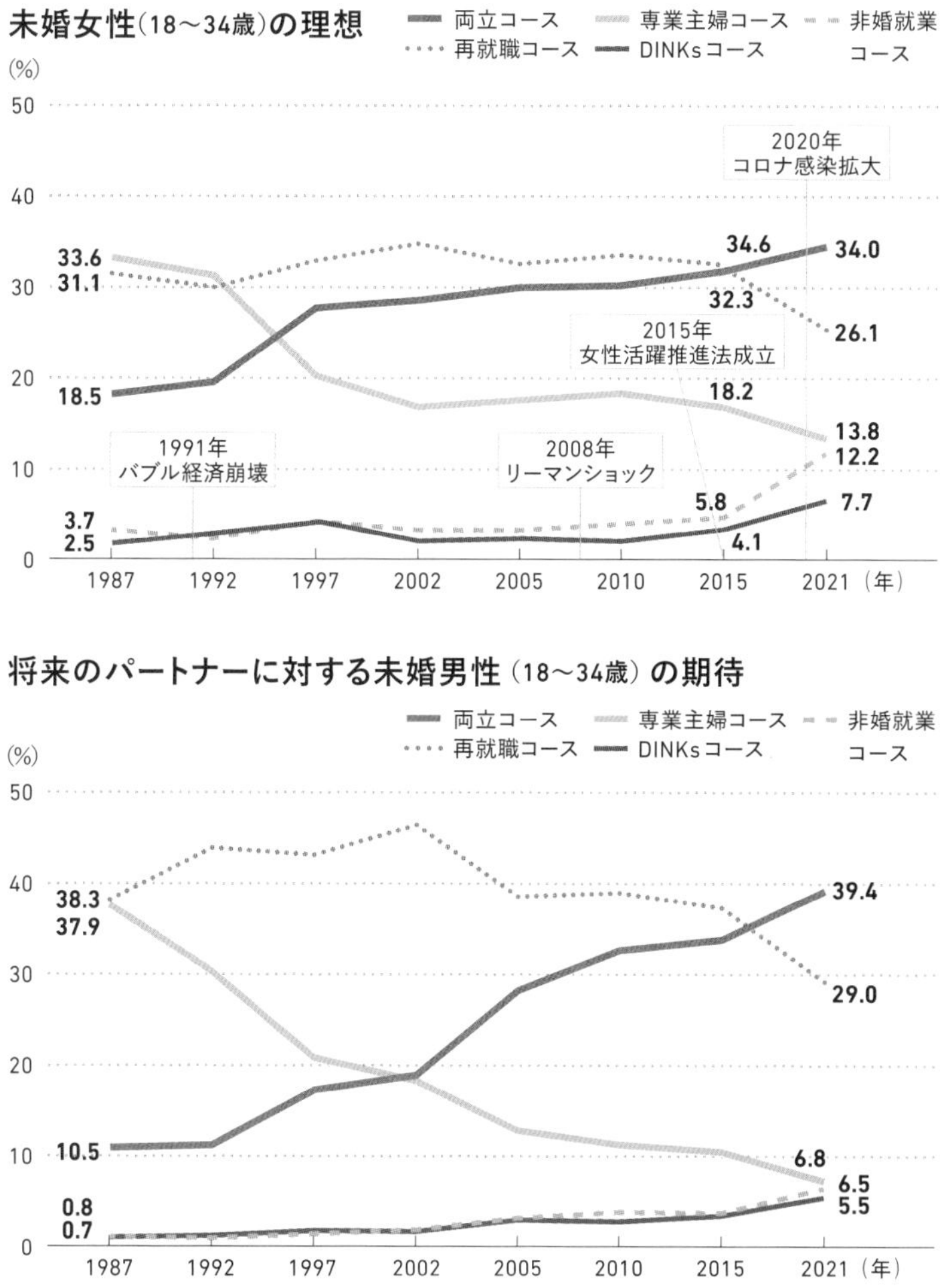

出典：内閣府「男女共同参画白書　令和5年版」より作成
(https://www.gender.go.jp/about_danjo/whitepaper/r05/zentai/html/zuhyo/zuhyo00-op03.html)

妊娠、出産しても「仕事は続けたい」

共働きが増加するなかで、近年は「働き方」、特に就労を継続する意向にも大きな変化が見られます。先ほどと同様に、18歳から34歳の未婚女性の「ライフコースの希望」から、結婚や妊娠・出産を機に退職し、その後再び就職する「再就職」を希望する割合に着目します。

男女ともに1987年から2015年までは3～4割台で、増減はあったものの、低下する傾向はありませんでした。しかし、この後の6年間、2021年までの間に「再就職」型を理想とする割合は、男女ともに10ポイントほど減少しました。

一方で、仕事と子育ての「両立」を理想とする割合は増加傾向を示しています。2021年には男女ともに両立型が再就職型を上回り、「仕事と子育ての両立」を理想とする割合が初めて最多となりました。つまり、退職せずに、産前産後休業や育児休業（以下、育休）制度を活用して働き続けることを希望する女性が多数派となったというわけです。

また、内閣府の「男女共同参画社会に関する世論調査」においても、「子どもができても仕事を続けるのがよい」と考える20～29歳の若年層女性の割合が、2000年の30・3％

から2019年には57・7％まで大きく増加しています。今後さらに子育てと仕事の両立を目指す世帯が増えると予想されます。

共働きで乳幼児を育てる「イマドキファミリー」が増えた

では、仕事と子育ての両立の実態はどうなっているのでしょうか。出産前に仕事をしていて、第一子が2015から2019年に生まれた妻の場合、約7割が出産後も仕事を続けています（国立社会保障・人口問題研究所「第16回出生動向基本調査（夫婦調査）」）。5年前の調査と比較すると11・8ポイント、10年前の調査と比較するとなんと26・1ポイントも増えているのです。

また、出産後の就業継続率の増加は、3歳以下の小さな子どもを育てる母親にも共働きが拡大していることを示唆しています。「夫婦と末子3歳以下の子供から成る世帯における共働き率」は、2016年に5割に達しましたが、2022年には65・7％と、この6年間で急激に増加しています（総務省「労働力調査」）。加えて近年は男性の育休取得を促進する動きが進んでいます。これらのデータから、共働き家族の中でも、特に0〜3歳児の子を持つ家族の変化が大きいことが推測されます。

共働き子育て家族を理解する際に、「専業主婦」から「共働き」への変化だけではなく、「子どもができても仕事は辞めない」というイマドキ共働き家族のスタイルを捉えていくことが不可欠だと考えられます。

イマドキファミリーの生活サイクル

ライフスタイルを知ると視点が変わる

女性の意識が「出産しても仕事を辞めない」という流れに変化する中で、増加していった共働き子育て家族。そんなイマドキファミリーは、一体どのような生活を送っているのでしょうか。

ここで私たちの調査によって見えてきた彼ら・彼女らの一日の生活サイクル、さらに消

イマドキファミリー研究所がイメージする

「イマドキママ」

Profile

- 東京23区在住・38歳
- 大学卒業後、新卒で都内の企業に就職。現在も勤務中
- 子ども1人・5歳
- 個人年収480万円・世帯年収1200万円

- 夫は協力し合えるパートナー。
  家事育児は分担して行うものだと思っている。
- 夫婦仲や家族仲は良いが、
  個人の付き合い・時間も大切にする
  メリハリあるスタイルを好む。

図05 共働きママの朝は早い

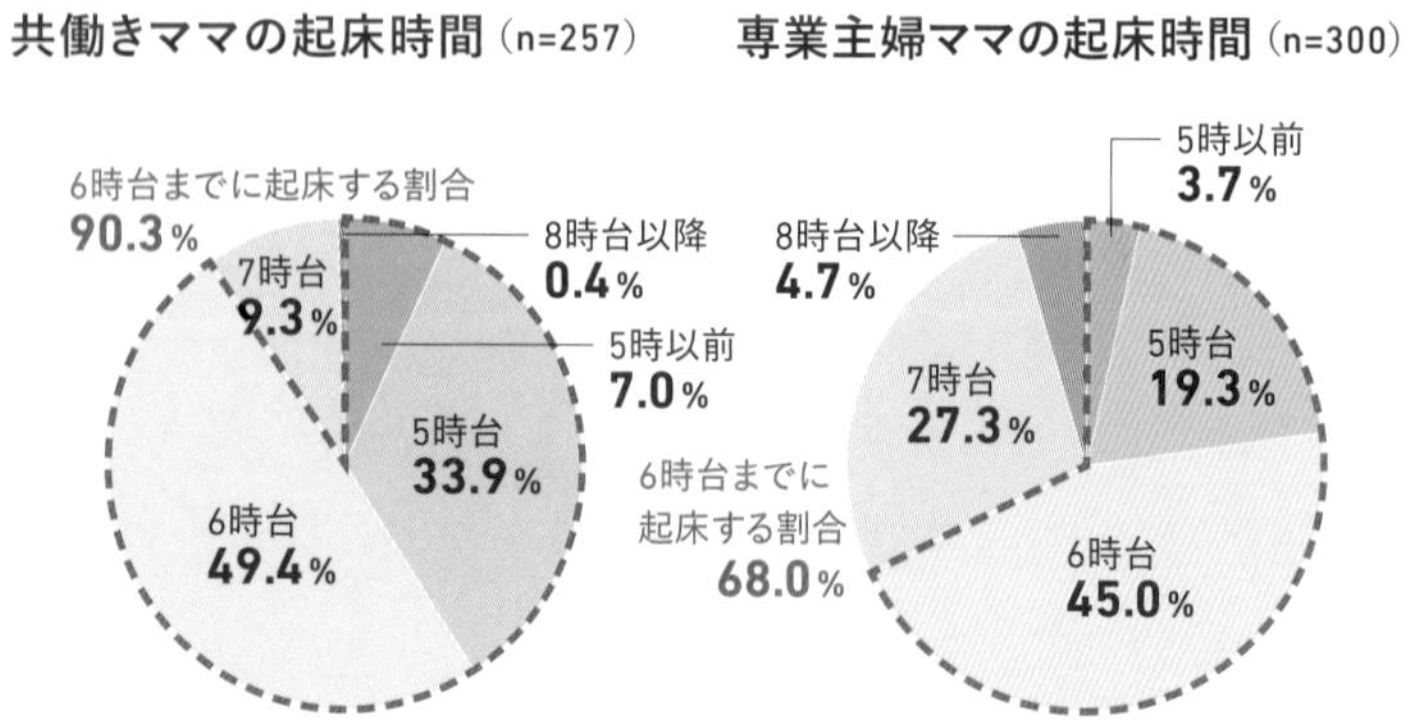

「子育て家族に関する調査」（2021年度）より

費行動や貯蓄、仕事に対する考え方についてひもといていきます。

共働きママの約3割が5時台に起床

働きながら家事育児を行うイマドキファミリーは、基本的に時間的余裕がないと感じています。共働きママは、「どのタイミングで何をするか」をあらかじめ計画し、労力を分散させながら、なんとか毎日を乗り切っている状況と言えます。

当研究所の「子育て家族に関する調査」（２０２１年度。以下、子育て家族調査）によると、共働きママの33・9％が5時台、7％が5時以前に起床します（出社日の場合）（図05）。5年前と比べると、5時台かそれ以前に起床する人の割合は7ポイント増加しました（「共働き家族の実態調査」、2016年度）。共働きママの生活時間は、新型コロナウイルス感染症拡大の影響によって、通勤電車等の混雑を避けるためか、より朝型にシフトし、定着していったようです。

勤務先に向けて、7時台に家を出る人が約半数。8時台に勤務開始する人が半数以上。そして、約3割が16時台に、約5割が17時台には仕事を終えて退社します。合計すると、約8割の共働きママが18時以前に会社を後にしているという計算です。

夕飯も「朝のすきま時間」に仕込む

母親、父親ともに、仕事が終了すれば一日の仕事が終わるというわけではありません。「買い物」「夕食づくり」「子どものお迎え」「習い事の送迎」など、日中にやることができない家事育児が待っています。

まとまった時間をつくりにくい共働きママからは、すきま時間を活用して家事をする様子が見られます（図06）。

「夕食づくり」を17時台以降だけではなく、5〜7時台の朝のうちに実施している人もい

図06 すきま時間を活用して「朝家事」「夜家事」

平日「夕食づくり」をする時間帯
（複数回答・平日「夕食づくり」をしている人ベース）

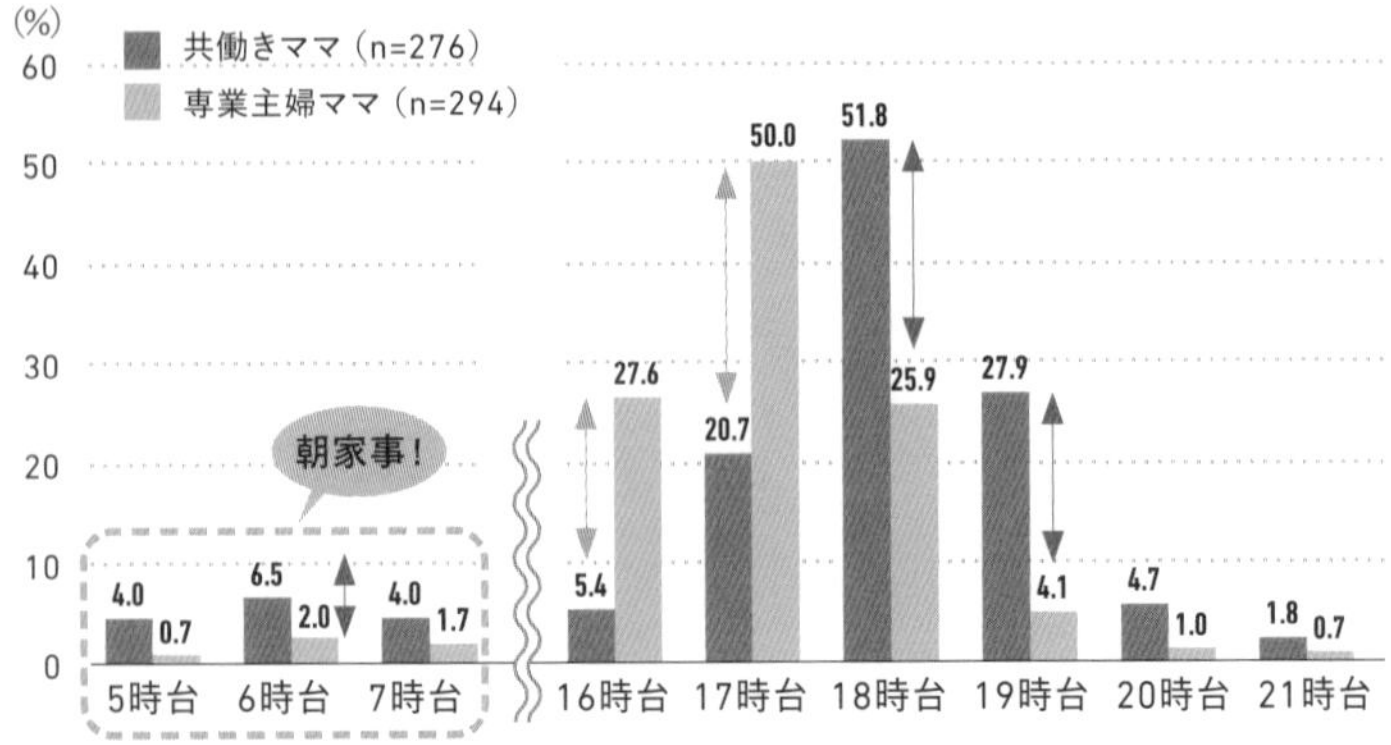

平日「洗濯物干し」をする時間帯
（複数回答・平日「洗濯物干し」をしている人ベース）

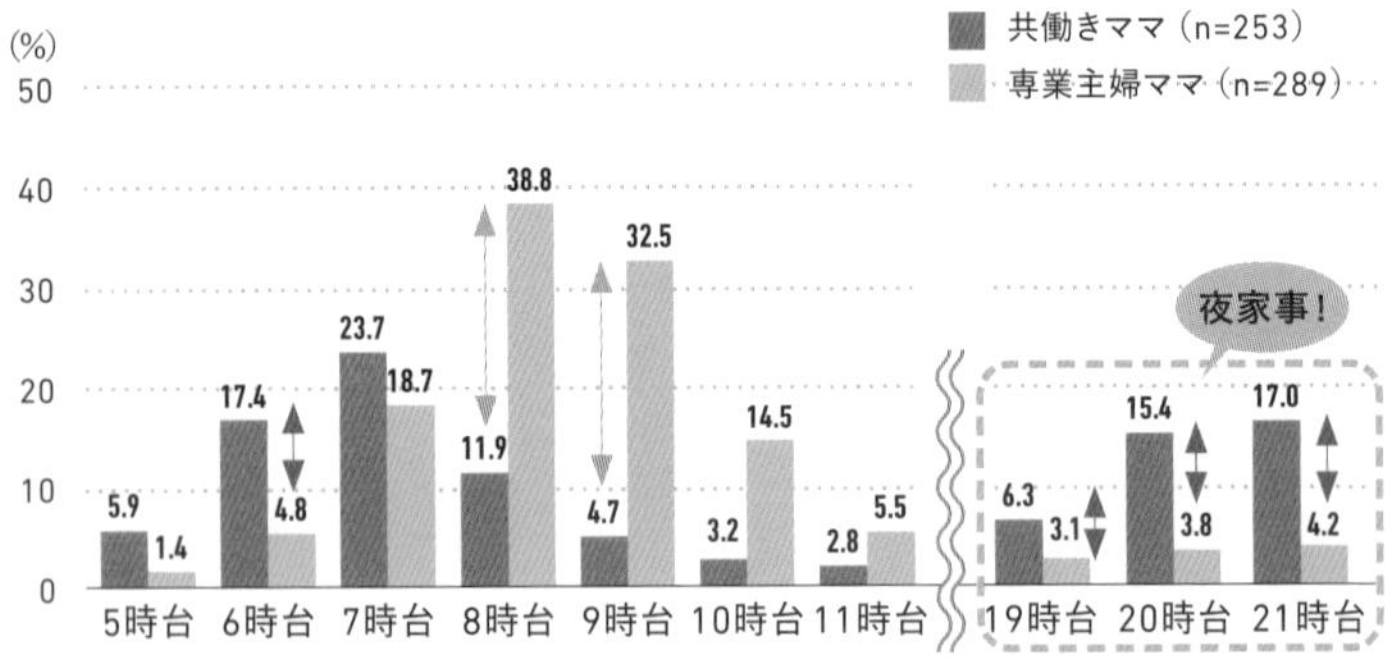

「子育て家族に関する調査」（2021年度）より

ます。「洗濯物干し」は7時台に行っている割合が最も高いものの、19～21時台に行っている人が一定数います。これは同時に調査を行った専業主婦ママの回答には見られない傾向でした。一般的に朝やるものと思われていた家事を夜にする、夜やると思われていた家事を朝にする。すきま時間を見つけて、家事を計画的に取り組むスタイルは、忙しい共働き家庭ならではです。

帰宅から寝るまでの「4時間」は時間との勝負

就寝時刻は共働きママも専業主婦ママも、最も多かったのは23時台で、約3割でした。しかし共働きママでは、21時台に就寝すると回答した人が17・1％、22時台と回答した人が28・4％いました。これらを合計すると、半数近くの共働きママが22時台までに就寝していることになります。朝型生活に合わせて、就寝時刻も早めです。

共働きママが17～18時に帰宅すると考えると、そこから寝るまでは4時間程度しかありません。まさに時間との勝負となります。その間に、食事の準備や後片付け、子を寝かせるための準備（入浴、歯磨き）など、多くの日課があります。

若い世代に広がる「家計の管理は二人で」という意識

世帯預貯金額は二極化

イマドキファミリーの一日の流れについてざっと紹介したところで、ここからは彼らの価値観について触れていきます。

「共働き」と聞いて多くの人が想像するのは、ダブルインカムによる高収入ではないでしょうか。私たちの調査研究からも、共働き世帯の年収は、専業主婦世帯より高いことが明らかになっています。

2021年の子育て家族調査では、フルタイム共働き世帯の平均世帯年収は1228万

図07 共働き世帯の世帯預貯金額の分布

※わからない・答えたくないと回答した人除く
※自分、配偶者、夫婦二人、子供の預金を足しあげて算出

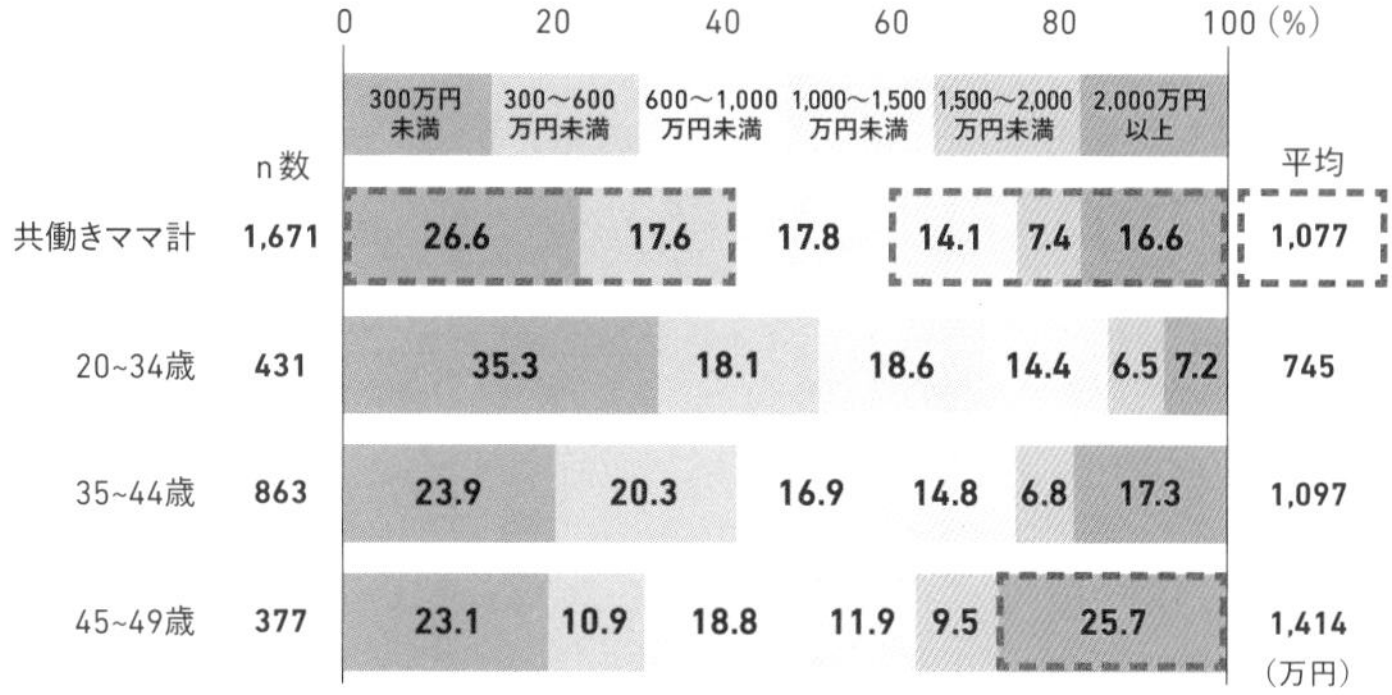

「共働きママのお金に関する調査」（2022年度）より

円でした。また年収分布の割合においても、1000〜1500万円未満に該当すると回答した人が約3割存在していました。

専業主婦世帯の平均世帯年収は726万円なので、共働き世帯は専業主婦世帯より500万円ほど平均世帯年収が高いのです。なお、自由に使えるお金も、共働きママが月3・4万円、専業主婦ママが月1・4万円と、2万円の差がありました。

さらに「共働きママのお金に関する調査」（2022年度。以下、お金調査）によって、共働き世帯の平均預貯金額は、1077万円であることが明らかになりました（図07）。ただし、最も多かったのは

「300万円未満」で26・6%、「300〜600万円未満」と回答した人も17・6%で、世帯の預貯金額600万円未満の割合が全体の4割を超えていました。1000万円以上の預貯金がある世帯も約4割いるため、世帯預貯金額は二極化していると言えます。

一方で、45〜49歳の共働きママでは、世帯預貯金額「2000万円以上」が25・7%と高くなっており、年齢が上がるにつれて着実に預貯金額を増やしている、共働き夫婦の堅実さが垣間見えました。

34歳以下の夫婦の約3割が「夫婦で家計を管理している」

では、共働き夫婦はどのように家計を負担しているのでしょうか。お金調査によると、生活費全般を、「二人で出し合って一元管理して負担している」が58・3%、「費目ごとにそれぞれが負担している」が18%で、この二つを合わせた「二人で負担している」割合が76・3%でした。

一方、生活費の管理は、「二人で全て管理している」は21%に留まり、「自分（妻）が全体を管理している」が61・8%と圧倒的に高い結果となりました（図08）。夫婦共働きでも、家計管理の主体、つまりお財布の紐を握っているのは妻なのです。

図08 共働き世帯の生活費管理の仕方

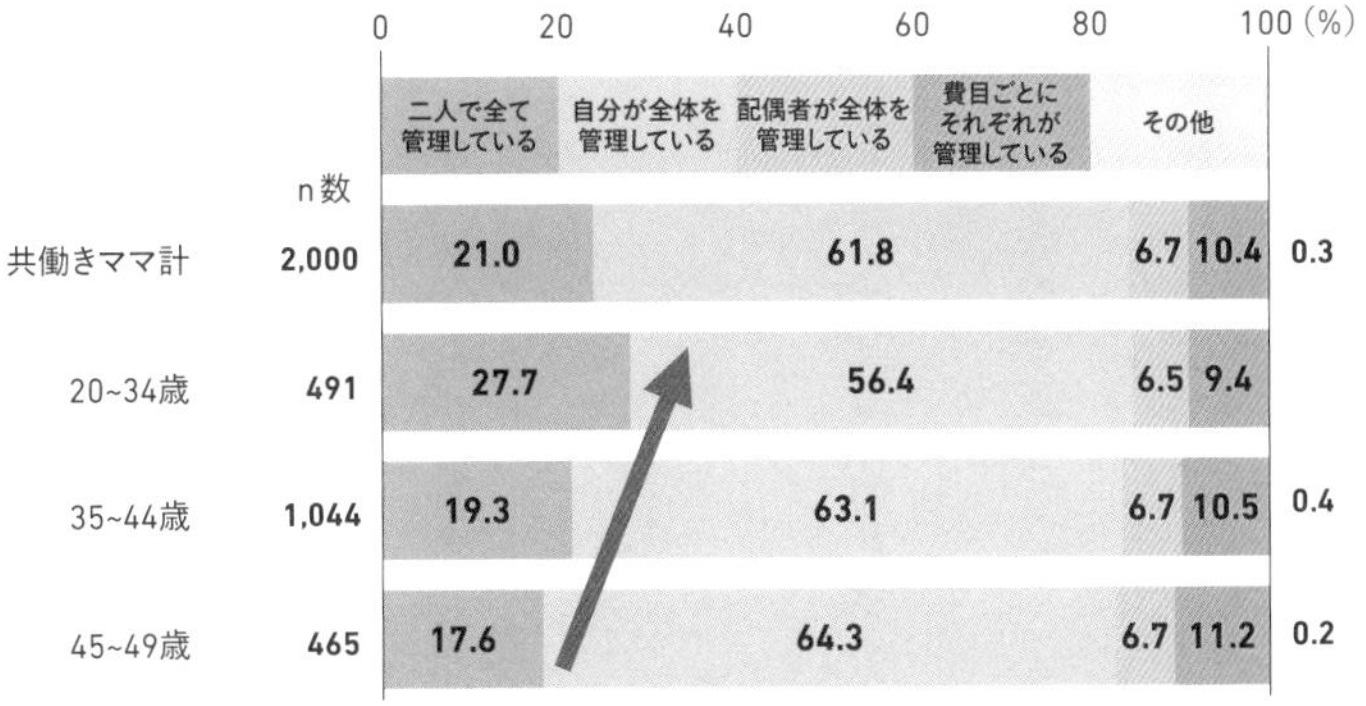

「共働きママのお金に関する調査」（2022年度）より

ただし、若年層の回答からはやや異なる兆しも見られました。20～34歳の共働きママのうち、生活費を「二人で全て管理している」と回答した人が27・7%で、45歳以上の回答と比べて10ポイント程度高くなっています。つまり、若い世代ほど家計管理を夫婦二人で行っているということです。これからの共働き世帯は、家事育児はもちろん、生活やお金など、家族にまつわるすべての事柄に夫婦二人で関与していくスタイルが主流となると推測されます。

倹約志向は高まるものの、家族旅行への興味は強い

倹約意識についても聞いたところ、6

割を超える共働きママが、「夫婦二人で働いていても、倹約していく意識のほうが強い」と回答しています。新型コロナウイルス感染症緊急経済対策として、2020年に国民一人あたり10万円が支給された「特別定額給付金」の使いみちについても、40・9％の人が「貯蓄した」と回答しています。コロナ禍や物価上昇など、ゆとりがあるとは言えない経済環境を目の当たりにしてきたことによって、お金に対してシビアな意識が生まれているようです。

一方で、仮に臨時収入の10万円が入った場合、貯蓄以外のどんなことに使いたいかという質問に対しては、「生活費の足しに」「家族と旅行」「家族と外食」「子どもの教育費」に充てたいという声が上がりました。中でも圧倒的に多かったのは「旅行」という回答です。「家族旅行」のニーズは今後も持続していくものと思われます。

「無理なくできる範囲で働きたい」というママの本音

この章の冒頭でも触れた通り、結婚・出産を機にいったん仕事を辞め、育児が落ち着いたら再度就職するという「再就職型」キャリアへの意向は2010年代半ばから減っています。

代わりに台頭してきたのは、両立型です。2022年のお金調査でも、「この先もずっと共働きでいたい」と回答した共働きママが72・1％と、未来においても共働き志向が高いことが明らかになりました。一方で、2021年の子育て家族調査において、「仕事と育児の両立がつらい」と回答した共働きママは47・3％。「仕事と育児の両立」がそう簡単ではないことも示唆しています。

では、仕事に対するスタンスはどうでしょうか。「仕事の第一線にいたい」と答えた共働きママは32％、「本当はもっと長い時間働きたい」は30％となっている一方、「無理なくできる範囲で働きたい」は78・3％、「自分の仕事より子どものことを優先している」は67・3％、「家族と旅行やレジャーにいくため働いている」は56・7％でした。今はワークライフバランス重視の働き方が主流になっていると言えそうです。

買い物は「時短＆効率化」

平日の買い物は「22分」で済ませる

時間的余裕が少ない生活を送るイマドキファミリーですが、世帯年収や自由になるお金は専業主婦世帯より多く、消費行動は活発です。ここからは、そんなイマドキの母親たちの「買い物」を深掘りしていきます。

共働きママと専業主婦ママの消費行動における最も大きな違いは、「時間」です。共働きママが平日に、主にスーパーマーケットでの買い物にかける時間は22分。専業主婦ママの51分と比べると、30分程度短くなっています（「子育て家族調査」、2021年度）。

食料品等の買い物の様子は、日常的に行っていない人には想像することが難しいかもしれません。「広い店内で目的の商品を探す」「買い忘れがないか、頭の中で確認行動する」「時間によってはレジが混雑する」「商品が傷まないように袋詰めする必要がある」など、想定以上の時間がかかるものなのです。それだけの作業をたった22分で済ませるために、共働きママが効率的に慌ただしく買い物をしている姿が目に浮かびませんか。

この時間から、店頭であれこれと比較して悩んだりはせず、ほぼ事前に買うものを決めて、さっと買い物をしている状況が推測できます。

何を買うか迷いたくない。でも、新商品は気になる

共働きママは、休日にまとめ買いをする傾向にあります。71・7％が実行しており、専業主婦ママ（50・7％）とは顕著な差が出ています（図09）。「できるだけ一か所で買い物をすませたい」という意識も高いようです。また、「値段が高くても商品の品質を重視して選ぶ」「新商品は試したい」「SNSで見たものを買ってみる」という回答も共働きママのほうが高い結果でした。

とはいえ、買い物時間さえ惜しい共働きママに、店頭だけで新しい商品について知らせたり競合と比較してもらうのは難しいかもしれません。店頭に行く前に「これがほしい」

図09 買い物に対する意識

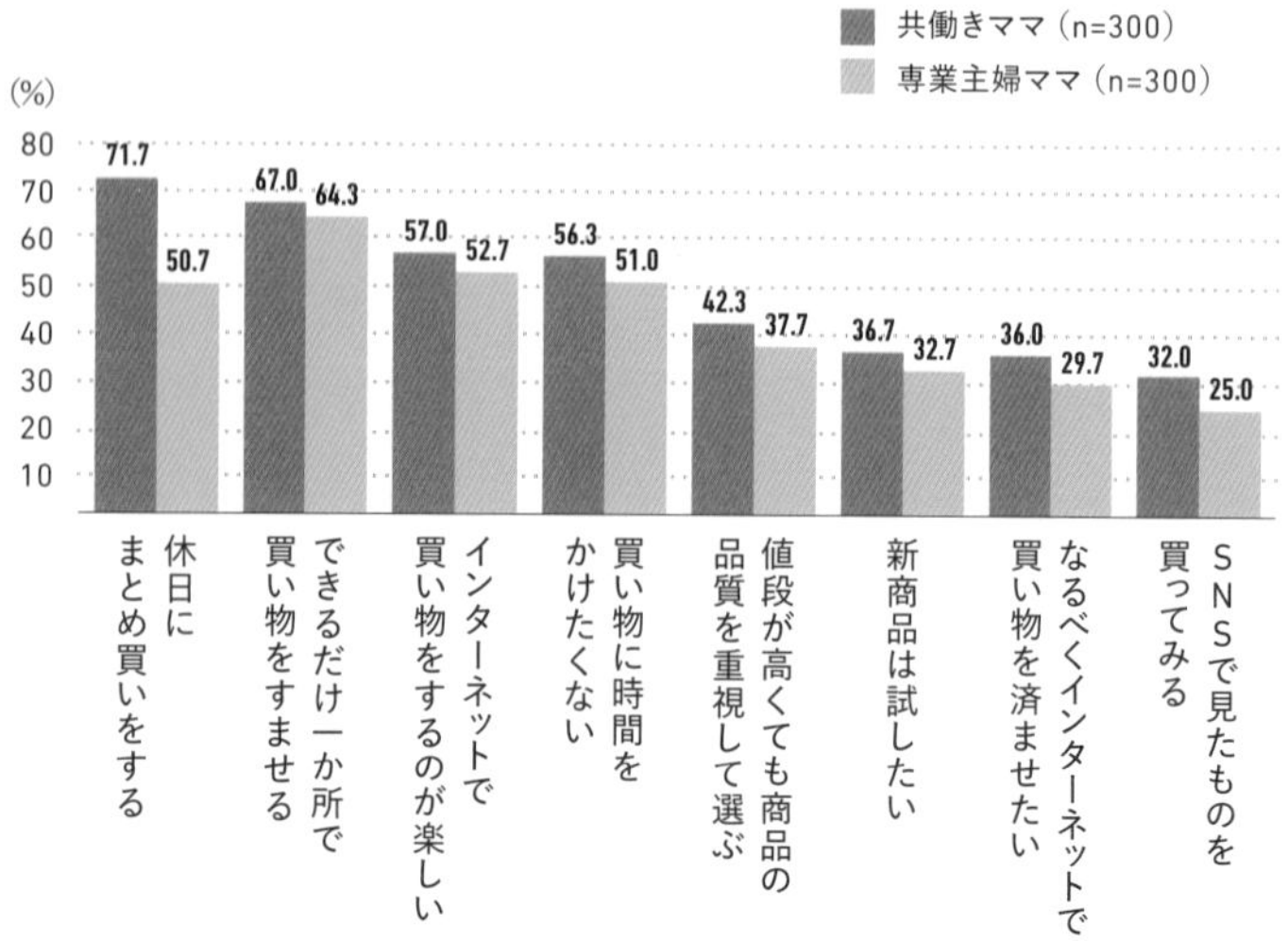

「子育て家族に関する調査」（2021年度）より

と思わせるしかけが重要です。また、共働きママがイメージしていた通りの商品がさっと見つけられるように、店頭の陳列なども工夫する必要があるでしょう。

ネットショッピングは「電車の中で」。移動時間も無駄にしない

2022年のお金調査によると「必要なものがあれば最初はインターネットで探す」と回答した人が47・7%。共働きママの半数近い人が、買い物の場の第一選択肢としてEC（インターネット通販）を挙げています。

2021年の子育て家族調査では、

〈調査時点〉一週間以内に「自宅にてインターネットショッピングで購入した」共働きママの割合は68・3％でした。購入したジャンルは、「日用品・雑貨」が50・2％、「自分の洋服・ファッション雑貨」が47・8％、次いで「子ども服」が41％となっており、日用品のほか、ファッション関連の買い物もEC化が進んでいる様子がうかがえました。

また、共働きママは電車の中でインターネットショッピングをしている点も特徴です〈調査時点一週間以内に「購入した」13・7％、「閲覧した」27％〉。

面白いのは、自宅と電車内で購入する商品ジャンルのトップが異なること。電車内で購入したジャンルのトップは「自分の洋服・ファッション雑貨」〈43・9％〉でした〈「日用品・雑貨」は34・1％〉。自宅でよく購入している「日用品・雑貨」が大きく減少することから、電車での移動中は、共働きママが家族と離れて一人になれる場所であり、妻・母親の立場をいっとき忘れ個人として過ごせる時間なのかもしれません。

この調査結果から、移動中というすきま時間が、「買い物を楽しむ時間」として機能していると言えるのではないでしょうか。時間的制約で店舗への立ち寄りが難しい共働きママが、通勤途中や帰宅途中に「自分の洋服」をインターネットで購入するというのは、理にかなっている買い物スタイルです。

物理的より「精神的に」時間がない？

子の就学後に「余裕がない」と感じる母親たち

イマドキファミリー研究所の調査対象である共働きママは、フルタイムで働いている層がメインです。前述の通り、早起きや買い物の時短などの工夫をしながら生活を回していますが、意識の上で、「時間的余裕がない」のが特徴です。

実際、2021年の子育て家族調査の「時間的余裕があるほうか」という質問に対して、「そう思わない」「あまりそう思わない」、つまり「時間的余裕がない」と回答した人は、47%でした。これは専業主婦ママの24・7%と比べて20ポイント以上高い数値です（図10）。

また、専業主婦ママは子どもが小学生になって余裕ができたと感じるのに対して、共働

図10 「時間的余裕があるほうだ」と答えた割合（母親）

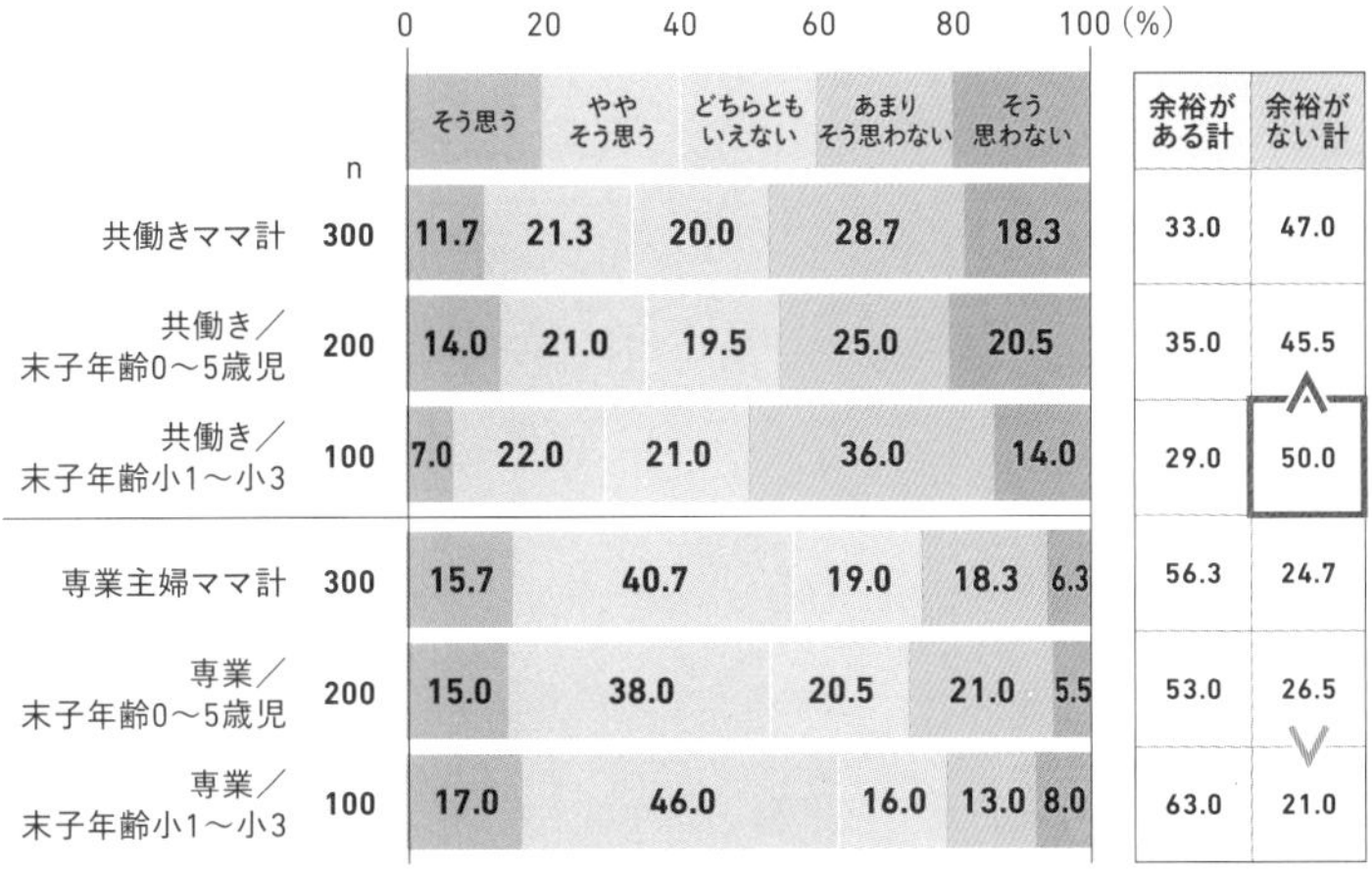

「子育て家族に関する調査」（2021年度）より

きママの時間的余裕のなさは、子の就学後にさらに強くなっている状況です。

一般的に「小一の壁[*1]」と言われる通り、小学校低学年ママの余裕度がさらに低くなる背景には、「企業の時短勤務などの制度の終了」「保育園から学童保育へ移行し、保育時間の変化や長期休み期間中のお弁当づくりなどによる負担の増加」「宿題のケアや習い事の増加」「子どもの昼寝時間がなくなり、就寝時間が早くなること」などが考えられます。

世間からすると、小学生になれば手が

＊1 子どもが小学校に上がると、仕事と子育ての両立が保育園時代よりも困難になること

図11 「時間的余裕があるほうだ」と答えた割合（父親）

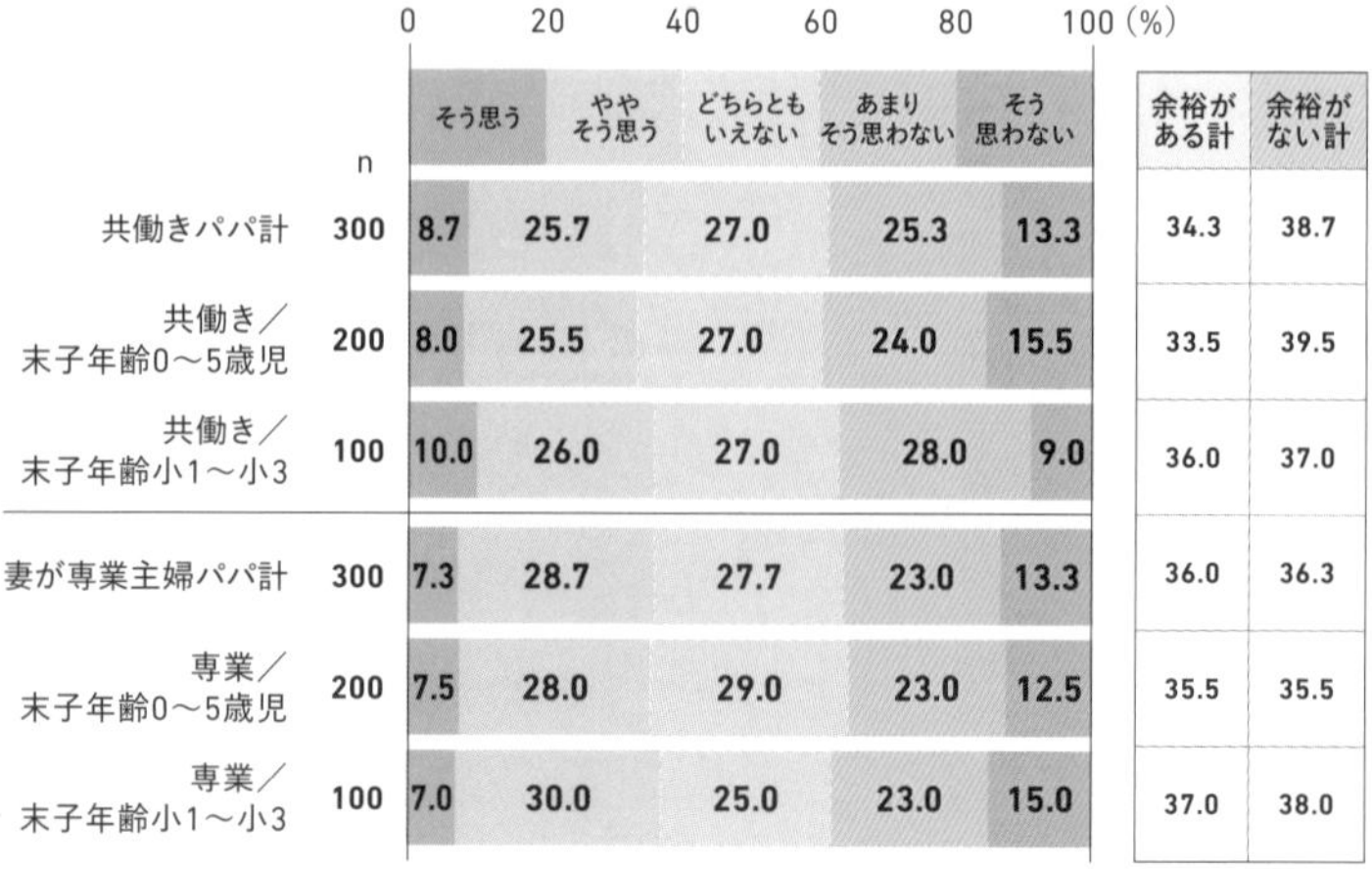

「子育て家族に関する調査」（2021年度）より

かからなくなると思うかもしれませんが、子どもが生まれてすぐの世帯だけではなく、学童期においても、共働き世帯に必要なサポートがもっとありそうです。

「時間的な余裕」に関する夫婦の感覚に温度差

では、夫は「時間的な余裕」について、どんな意識を持っているのでしょうか（図11）。共働きパパで「時間的余裕がない」と回答した人は38・7%で、共働きママに比べて8ポイントほど低い結果となりました。男女の感覚の違いもあるかもしれませんが、共働きママのほうがより「時間的余裕のなさ」を実感しているのが現状です。

また、妻が専業主婦のパパのうち、「時間的余裕がない」と回答した人は36・3％でした。夫にとって、「妻の働き方によって感じる時間的余裕に大きな差はない」結果となりました。

半数以上の家庭が、時短家電、サービスを求めている

時間的余裕が少ない共働きママは、家事にかけられる時間も限られています。そのため、「家事が楽になる機器は積極的に導入したい」と考えている人が多数派です（２０２１年の子育て家族調査では53％、専業主婦ママは44・３％）。

実際に、共働きママはすでに家事の時短につながるような製品やサービスを日常的に利用する割合も高くなっています（図12）。食器洗浄機は共働きママの35％、衣類用乾燥機も25・３％の人が利用しています。ロボット掃除機は共働きママの20・３％が利用しており、専業主婦ママより11ポイント高い数値です。

ロボット掃除機「ルンバ」を手掛けるiRobot社の日本法人であるアイロボットジャパンは、２０２２年４月時点で同社製のロボット掃除機の日本国内世帯普及率が９・７％であることを明らかにしていますが（２０２３年６月報道）、その数値と比べても、共働きママの利用水準はすでにかなり高いことが見て取れます。

図12 日常的に利用している商品・サービス

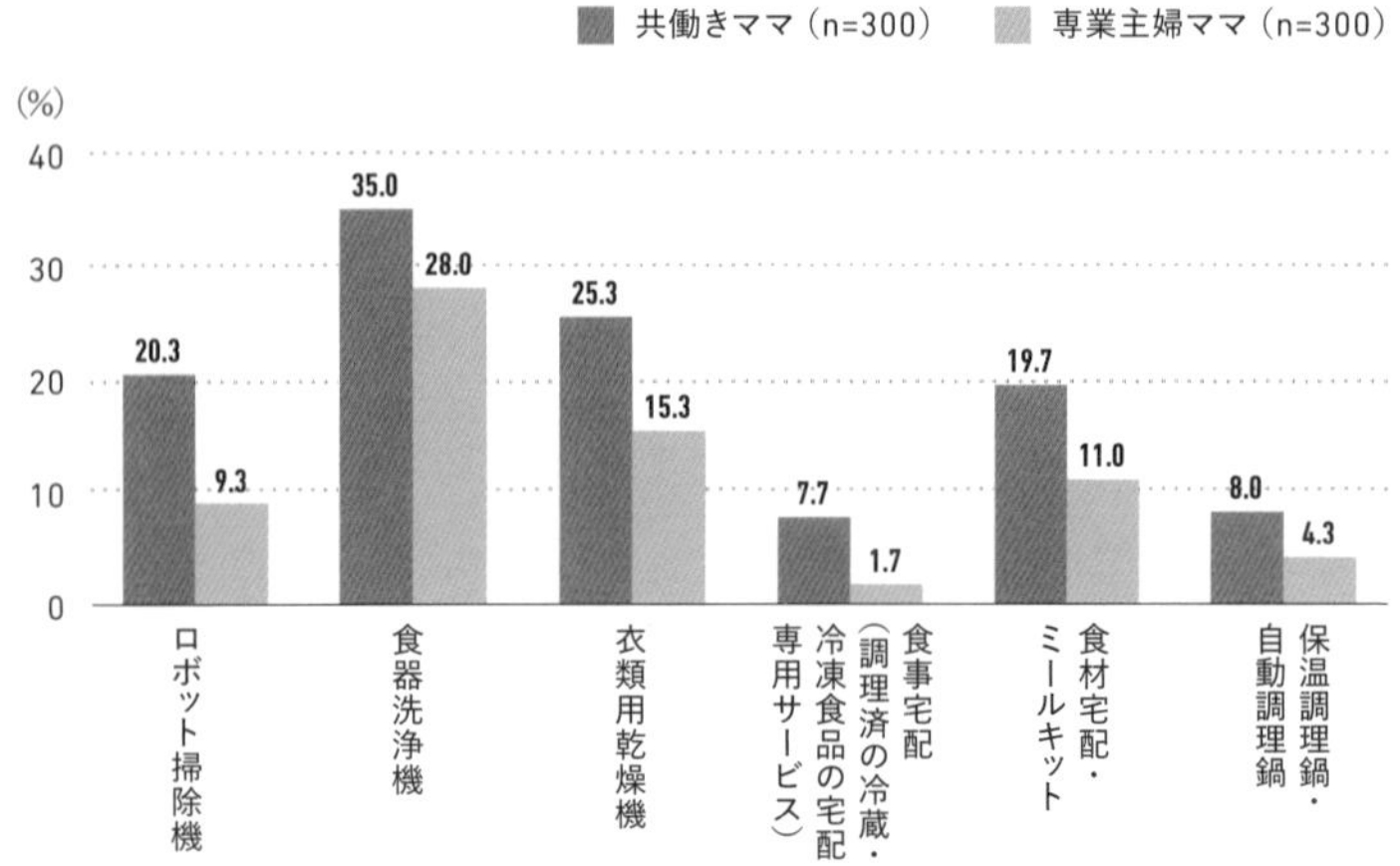

「子育て家族に関する調査」(2021年度) より

共働きママの約4割が「冷凍食品を週に1回以上使う」

さらに、共働きママは冷凍食品やチルド食品といった「お助け食品」の利用も高く、約4割の共働きママが冷凍食品を週に1回以上、夕食に使用しています（図13）。「炊事にかける時間を削減したい」「そもそも夕飯の支度をする時間がない」といったママの声が聞こえてきそうです。

そうしたママたちにとって、時短家電やサービス、お助け食品などはなくてはならない相棒と言えます。今後、家事の時間や負担軽減につながるような製品やサービスはますます求められ、市場がさらに伸びていくことが予想されます。

図13 「お助け食品」の利用率
（家族の夕食として週1以上利用すると回答した人の割合）

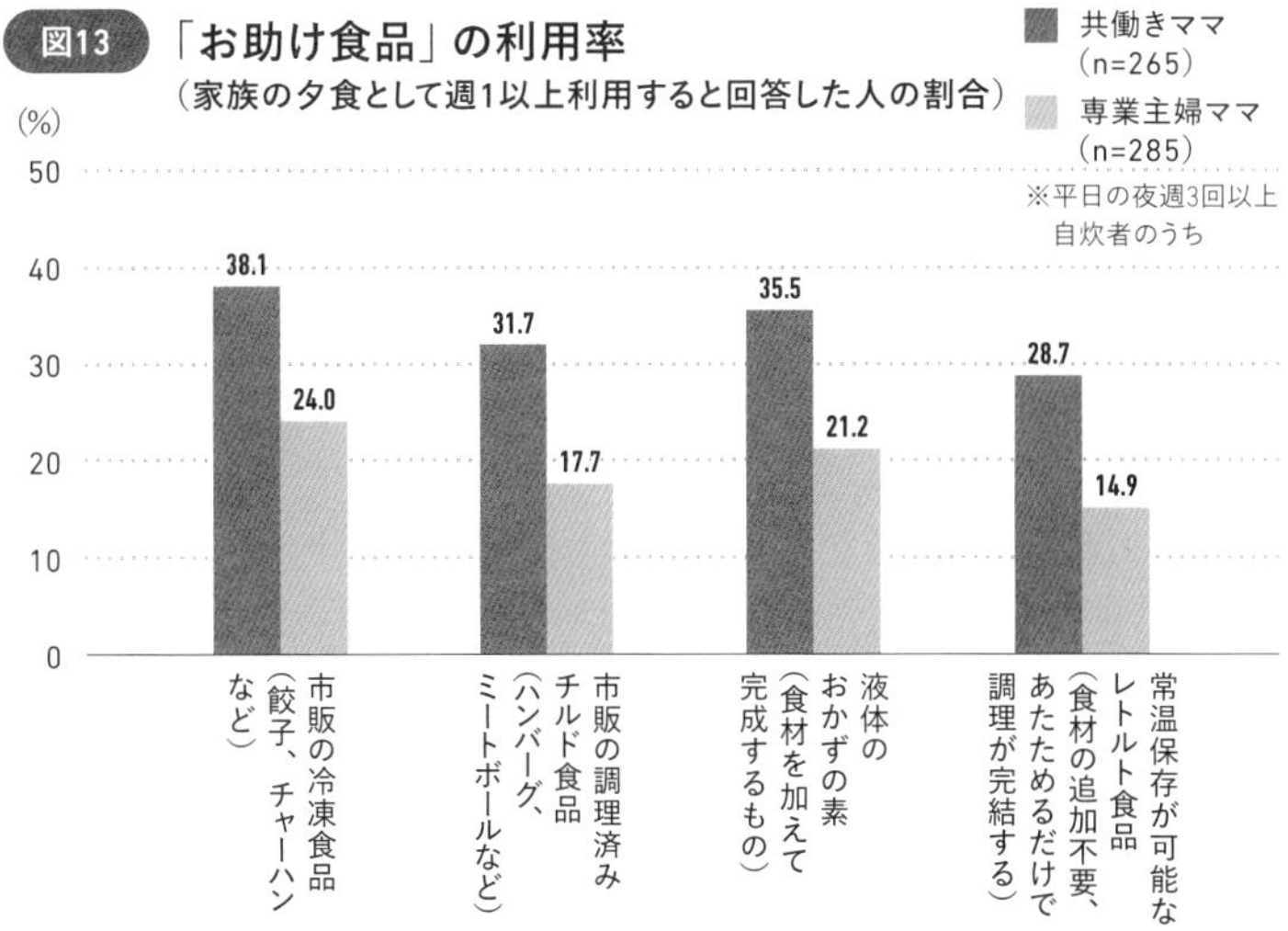

「子育て家族に関する調査」(2021年度) より

時短で叶えたい「子どもとの時間」「自分の時間」

共働きママが料理などの家事をできる限り効率化したいと考える背景にあるのは、子どもと過ごす時間を増やしたいという思いです。2021年の子育て家族調査でも「家事の時間をできるだけ短くして子どもと過ごしたい」と72%の人が回答しました。

フルタイムで働いていると、平日に子どもと一緒に過ごせるのは朝と帰宅後の夕方から夜の時間帯だけです。そのため、限られた時間を少しでも有意義に使えるように、時短家電やサービスを駆使しています。

「子どもとの時間」「自分の時間」どちらも大事

子どもと過ごす時間を求める一方で、母親たちは「子どもを預けて、息抜きすることも必要」と考えています（共働きママ＝73・7％、専業主婦ママ＝71・7％）。

父親が家事育児に参加する傾向が強まっているとはいえ、「子育てで自分の時間が減ってしまったストレス」は、父親より母親に大きくかかっているようです（共働きママ＝48・3％、共働きパパ＝31・7％）。あえて「自分の自由な時間を作るようにしている」と回答した割合は、共働きママで58・7％でした。

子どもと過ごす時間も一人で過ごす時間も、どちらもあきらめず、バランス良く大切にしていくのがイマドキのスタイルです。時短という言葉は世にあふれる中、時短を望む母親たちの真意を考える必要があるでしょう。

共働きパパたちは「家事・育児」への関与が高い

共働きは「夫婦のタスク分散」がカギ

日々の家庭生活をより良く、効率的に回していくためには、何より夫婦の助け合いがなければ成立しません。2021年の子育て家族調査で、家事・育児に関する妻の意識を聴取したところ、「家事は自分だけでなく、家族と分担して助け合いながら進めたい」という意識が特に共働きママで高く、75・7%にのぼりました。これは専業主婦ママと比べても10ポイント以上高い結果です。

図14　夫の育児実施率（平日）

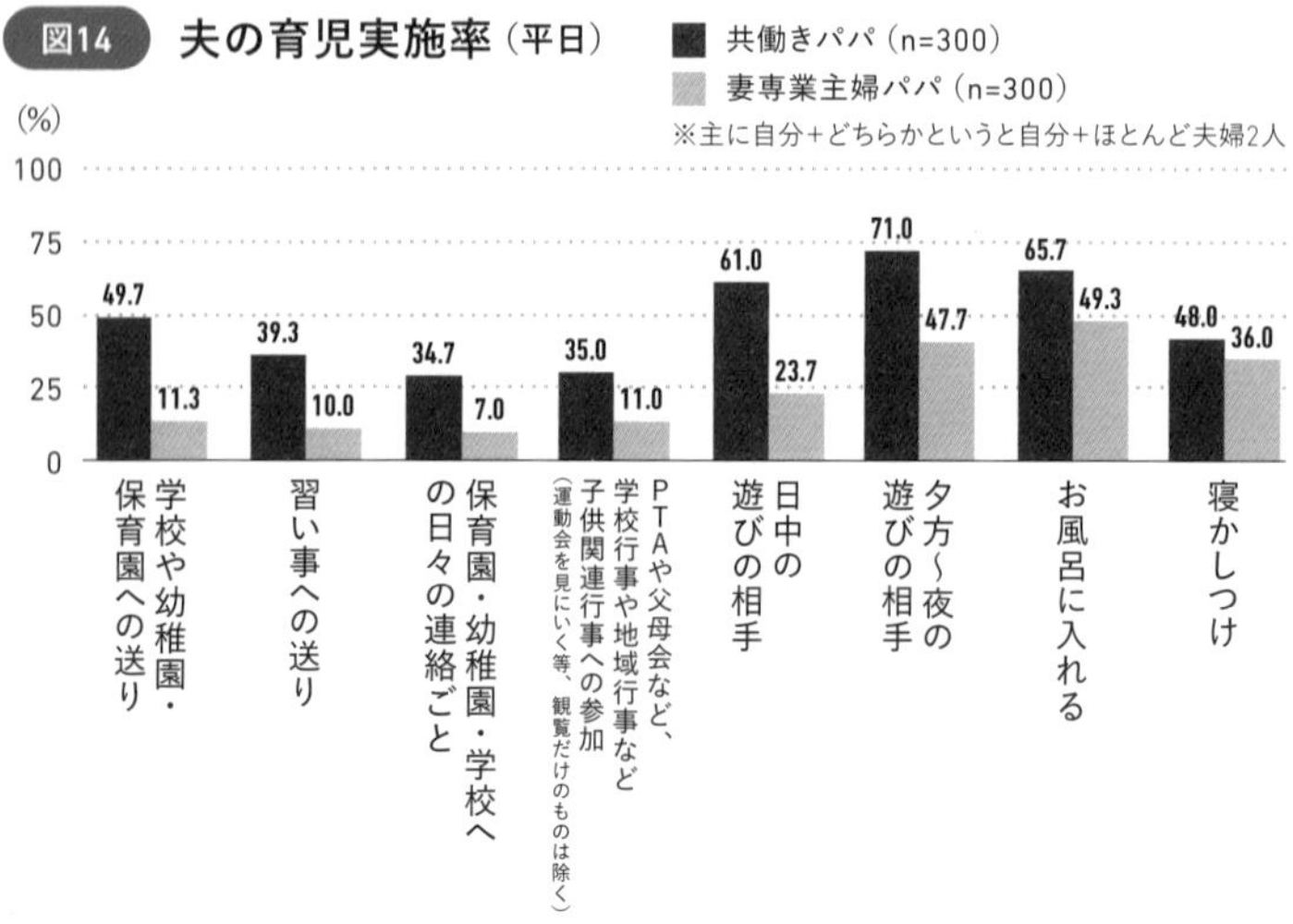

「子育て家族に関する調査」（2021年度）より

この意識の差からもわかる通り、夫婦が共働きで家事・育児をやりくりするには、夫婦のタスク分担が大きなカギを握ることになります。ここでは、夫婦の家事と育児のシェアについて細かく見ていきましょう。

共働きパパは、平日も積極的に育児をしている

図14は、夫の育児実施率（平日）を項目ごとに表したものです。「主に自分（夫）がやっている」「どちらかというと自分（夫）がやっている」と「ほとんど夫婦二人でやっている」の合計値で、共働きパパと妻が専業主婦のパパをそれぞれ掲載しています。

すべての項目において、共働きパパのほうが、妻が専業主婦のパパより育児実施率が高い結果となりました。特に共働きパパは「夕方〜夜の遊びの相手」「日中の遊びの相手」など、子どもとのふれあいの時間を取っていることが特徴的です。

習い事への送りや学校・保育園等との連絡、行事への参加は4割に満たない状況ではありますが、それでも妻が専業主婦パパに比べると20ポイント以上高い実施率です。

共働きパパの7割が「風呂掃除」をする理由

次の図15は、夫の平日の家事実施率です。共働きパパと妻が専業主婦のパパで比較すると、共働きパパのほうがすべての家事において実施率が高いことがわかります。妻が専業主婦のパパの実施率が5割を超えるものは「ゴミだし」だけであるのに対し、共働きパパはそれに加えて「朝食の片づけ」「夕食の片づけ」「風呂掃除」「洗濯物干し」「日々の食料品や日用品の買い出し」が5割を超えます。

特に「風呂掃除」は共働きパパの実施率が7割を超える家事です。昨今、風呂掃除用洗剤の商品広告に男性タレントが起用されているのを目にしませんか？「洗剤を噴射して数

図15　夫の家事実施率（平日）

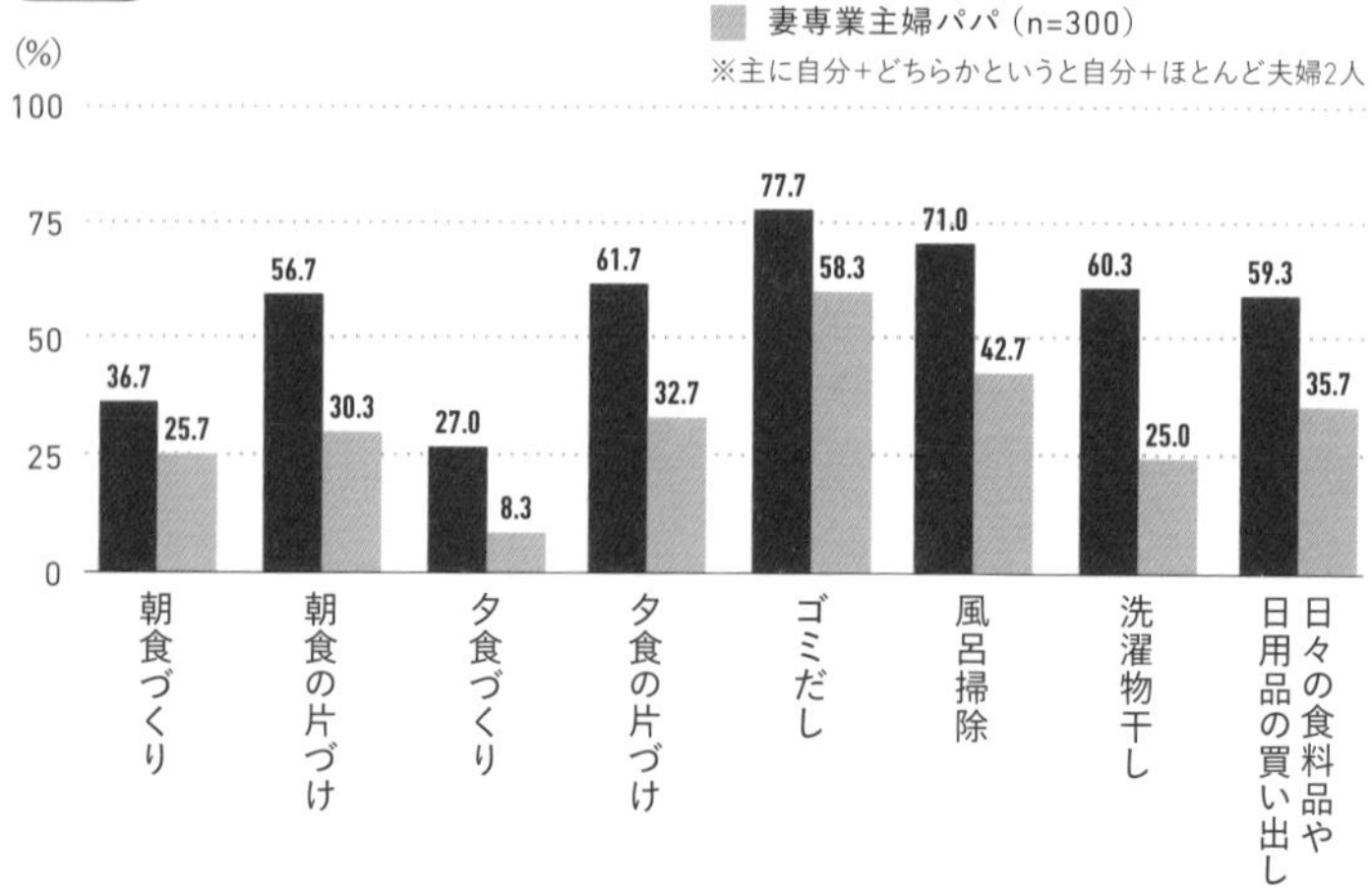

「子育て家族に関する調査」（2021年度）より

秒待つだけ」といった特徴の商品も増えています。

　また、家庭によっては、「先に帰宅した妻と子どもが一緒に風呂に入り、後から帰宅した夫が最後に入るため、夫は風呂に入ったついでにそのまま風呂掃除を済ませる」という話を聞きます。風呂掃除の時間を確保するのではなく、入浴した「ついで」に家事を一つ済ませているのです。

「ついで家事」のため、できるだけ手軽に、かつ短時間で済ませたい。そんなニーズから、「噴射して待つだけ」の風呂掃除洗剤の需要が高まったとも考えられます。

料理に積極的な夫はさほど多くない

一方で、共働きパパでも実施率の低い家事もあります。「朝食づくり」「夕食づくり」など、食事づくりに関しては、実施率が3割前後と、ほかの家事に比べて低い傾向にあります。

帰宅時間が妻より遅いことが大きな要因と考えられますが、朝食づくりに関しても4割に満たず、食事の支度は妻に負担が偏りがちであることが見受けられます。

実際、「イマドキ家族の食事に関する共同研究（朝食・夕食の9日間の写真日記調査）」（2018年度。以下、写真日記調査）で、明らかになった共働きパパの朝食づくりへの関わりは「妻が食事を作っている間、子どもの相手をする（子どもの着替えや出かける支度を手伝う）」ことが多く、「夫が朝食づくりを主に担当している」という対象者はいませんでした。

しかしメインではなくとも、夫が朝食づくりに関与している世帯では、「毎朝夫がソーセージなどを焼き、その間に妻がサラダをつくる」というように、夫婦や家族で分担して対応している様子が見られました。

図16 共働きパパのブランド決定×商品購入率

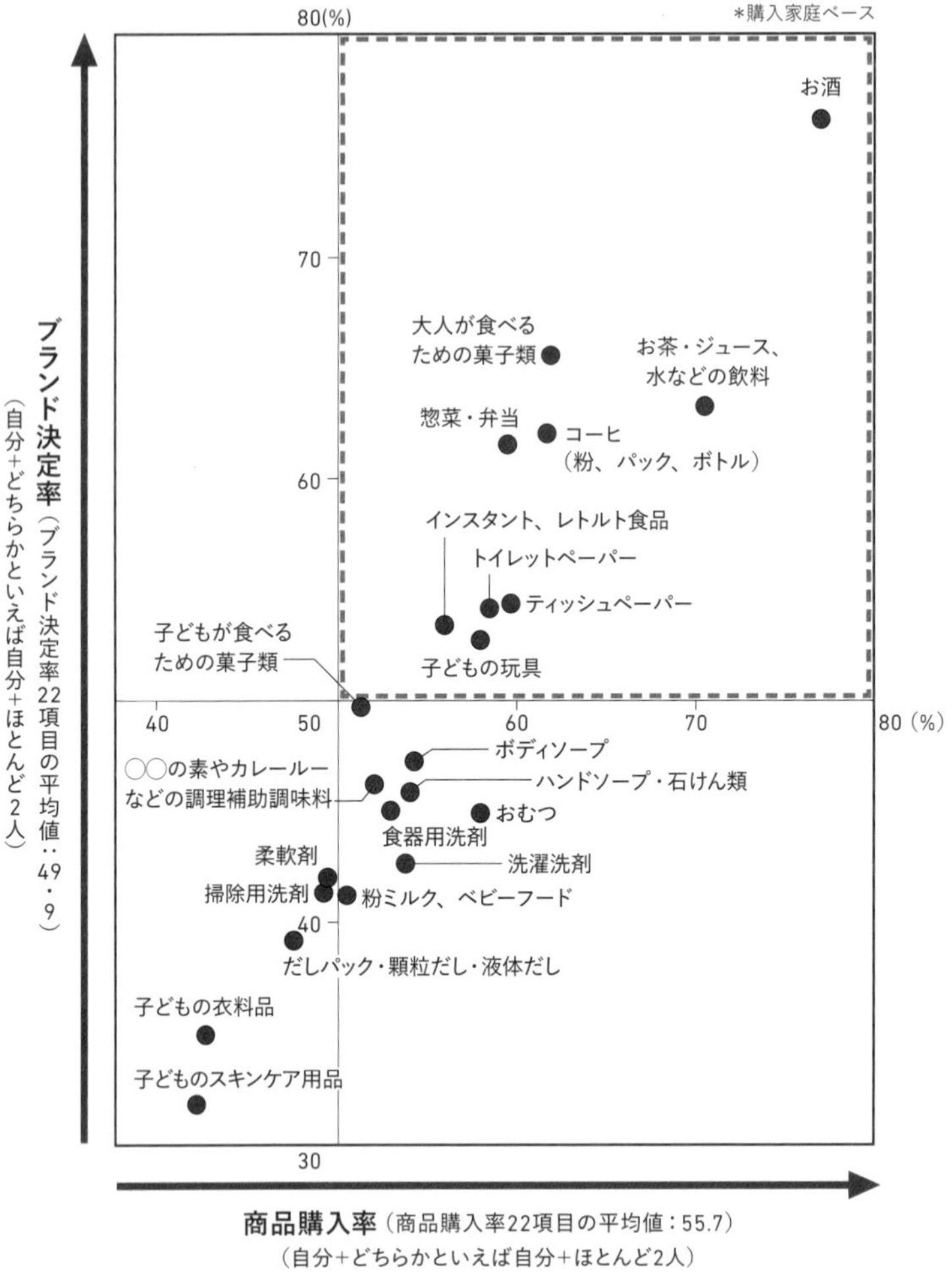

「子育て家族に関する調査」（2021年度）より

共働きパパはトイレットペーパーも「自分で選んで買う」

夫の家事実施率（平日）のグラフ（60ページ）にて、共働きパパは「日々の食料品や日用品の買い出し」が実施率5割を超えていると紹介しました。では、具体的にどんな商品を購入しているのでしょうか。

図16は、共働きパパのブランド決定率と商品購入率を散布図で表したものです。右上の赤枠で囲った部分が、夫自身がブランド決定に関与し、購入している割合が5割を超える商品です。共働きパパは「お酒」のほか、「飲料」「お菓子」「インスタント、レトルト食品」「トイレットペーパー」など、自身のものから家族のもの、食品から日用品など、さまざまな商品を自らブランド選択し、購入しています。

これが、妻が専業主婦のパパになるとどうでしょうか（図17）。

妻が専業主婦のパパ自身が選んで購入するのは「お酒」だけという結果になりました。それ以外の商品はブランド決定率も商品購入率も低く、妻にブランド決定・購入権があることが示唆されています。

図17 妻専業主婦パパのブランド決定×商品購入率

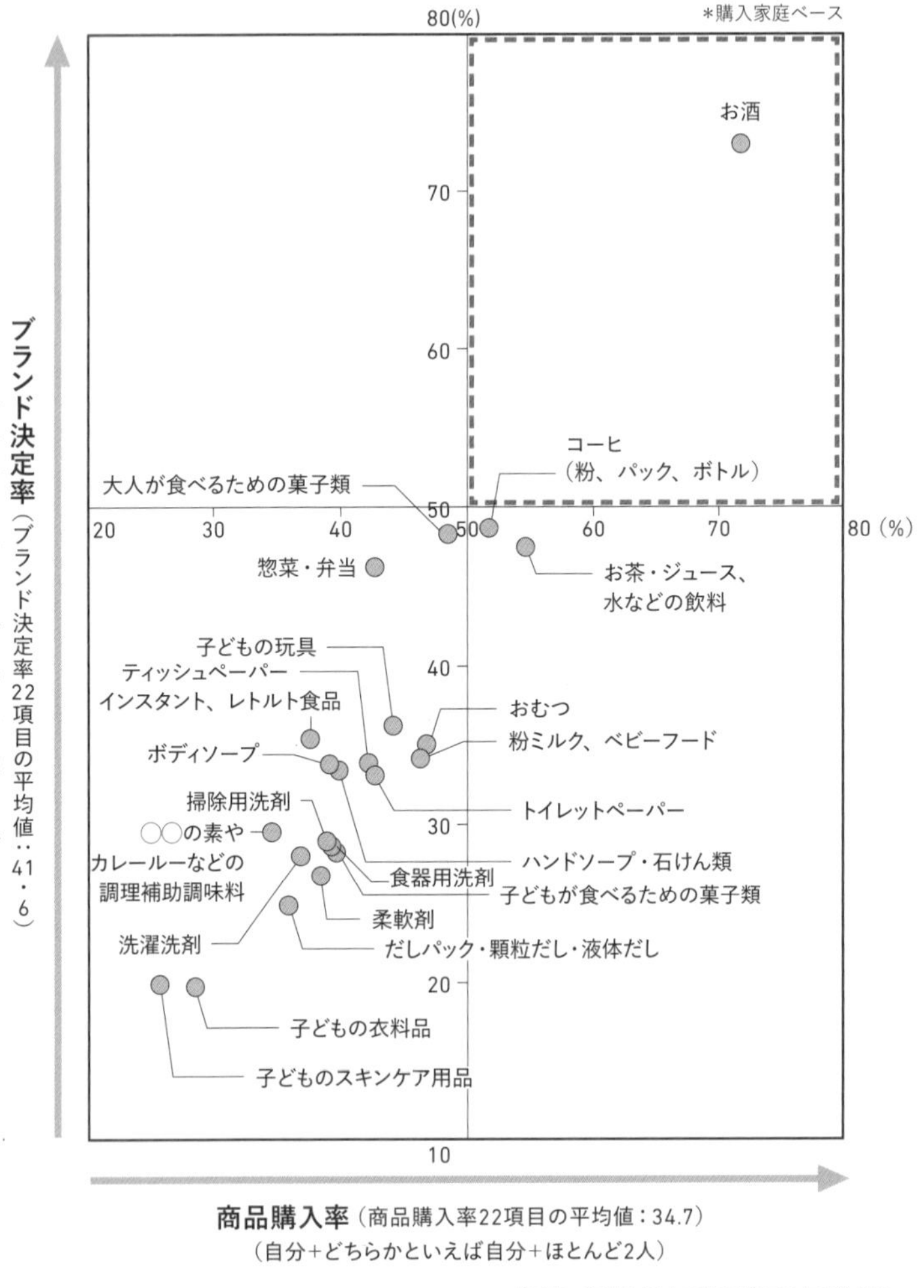

「子育て家族に関する調査」（2021年度）より

家事関与の高い共働きパパでは、食器用洗剤や洗濯洗剤のブランド決定率・購入率が4割を超えています。今後は妻視点だけではなく、夫の共感を得られるようなアプローチが必要となってくると言えるでしょう。

共働き夫婦の「家事をやっている」意識にギャップあり

育児、家事ともに積極的な共働きパパですが、ここで一つ興味深いデータを紹介します。

2021年の子育て家族調査で「日常の家事」の分担について共働きパパ・ママそれぞれに聴取したところ、「夫婦二人で同じくらいやっている」と回答した共働きパパが53・7%であるのに対し、共働きママは半数程度の27・7%でした。

共働きママは70・7%が「自分が担うことが多い」と回答しています。夫婦の間で、「家事をどちらがやっているか」には意識のギャップがあるのです。

妻の期待水準が高いのか、夫の考える家事領域が狭いのかは一概には言えませんが、明らかなのは、妻が考える家事・育児の水準や内容と、夫が考える水準・内容に違いがあるということです。このギャップは家事だけでなく、育児においても同様の傾向にあります。

夫婦間のギャップを助長する「NGワード」とは？

「夫婦で共働きなのに、私のほうが家事も育児も負担が大きい」「僕もできる限りやっているのに、妻からの要求が多い」……。これらは当事者であれば、一度は感じたことがあることかもしれません。

だからこそ、企業が広告やオウンドメディアなどの対外的コミュニケーションで家庭の家事・育児シーンを描く際には、この夫婦間のギャップがあることに留意して考える必要があるのです。

夫婦間の意識格差に関するNGワードとして「家事・育児を手伝う」という言葉がよく挙げられています。「手伝う」という言葉は主体性に欠け、家事・育児に対する当事者意識が低いことを決定づける言葉です。企業側が「妻が主体で夫はサポートしている立場」や、「妻だけががんばる表現」を発した場合、家事や育児を妻の仕事だと決め付ける思考を持つ企業だと思われてしまう危険性があります。

実際には妻が多くのタスクを担っていたとしても、当事者たちはそれを良しとしてほしくない、つまりメーカー・企業に推奨してほしくない気持ちがあることを理解し、生活者目線に立ってプランニングをすることが、ブランドに対する深い共感と絆をつくることになります。

共働きママの幸福度は、夫の家事実施率で変わる

ところで、共働きママの幸福度は「夫の家事実施率」で大きく変化することが、当研究所の調査結果から明らかになっています。

共働きママに「現在の幸福度」を「幸せ／どちらかといえば幸せ／どちらともいえない／どちらかといえば幸せではない／幸せではない」の5段階で回答してもらったところ、一番上の「幸せ」と回答した人の割合が、夫の家事関与度が高い場合は46％なのに対し、夫の家事関与度が低い場合は28・4％と大きく減少しました（「子育て家族調査」、2021年度）。

面白いことに、共働きパパ自身の幸福度も「自分自身が家事をやれたかどうか」で変わってきます。自身の家事関与度が高い共働きパパが「幸せ」と回答した割合が36・2％なのに対し、自身の家事関与度が低い共働きパパは22・6％でした。

夫が積極的に家事に関わることが、妻だけでなく夫自身の幸福度も上げて、結果として

夫の家事参加で、夫も妻も幸福度が上がる

夫婦・家族が円満に生活できることにつながるようです。夫が家事にもっと関わっていけるよう、企業の体制や社会全体の意識が変わっていくことが望まれます。

次の章では、家族の健康的な生活を支える上で欠かせない、そして家事の中でもかなりのウェイトを占める「食」について、詳しく触れていきます。

Interview

#1

「家族社会学」研究者に聞く

共働きが大多数になる中で、新しい価値観を持って
家庭運営を行う夫婦が増加しています。
イマドキの子育て世帯が生きてきた時代は
どのようなものだったのでしょうか。
また、家族観や夫婦観が変化する背景には、
一体どんなことが起きているのでしょうか。
家族社会学を研究する東洋大学の西野理子教授に
話を聞きました。

母親が働くのが当たり前になると、子世代の価値観はさらに変化する

――当研究所は約10年にわたって共働き子育て世帯の研究をしています。最近の子育て世代、特に35歳前後の夫婦は家事や育児を二人で協力し合って行うのが特徴ですが、西野先生はこの世代の価値観に影響を及ぼしたのはどのような出来事だと思われますか？　私たちは1993年の家庭科の男女必修化などが挙げられるのではないかと考えています（図18）。

確かにそうかもしれません。この世代が就学するころから、名簿の男女区別表記をなくす学校が増えてきました。学校制度におけるジェンダー平等化は、価値観

図18　イマドキファミリー世代が経験した教育・ジェンダーに関わる出来事（カッコ内は、2024年現在で35歳の人の当時の年齢）

1993年（平成5年）	中学校で男女家庭科必修に（4歳）
1994年（平成6年）	高校で男女家庭科必修に（5歳）
1997年（平成9年）	男女雇用機会均等法の改正： 努力義務であった採用・昇進等での性差別を禁止、 セクシュアルハラスメント規定の導入（8歳）
1999年（平成11年）	男女共同参画社会基本法成立（10歳）
2006年（平成18年）	男女雇用機会均等法の改正： 男女双方に対する差別の禁止・妊娠出産等を理由とした不利益取り扱いの禁止（17歳）
2010年（平成22年）	厚生労働省の「イクメンプロジェクト」始動（21歳）

イマドキファミリー研究所作成

に大きな影響をもたらしたと思います。
しかし、社会学の観点からは、絶対的に大きな出来事はなかったとも言えます。性別役割の分業意識はイベントでは変わらないからです。

価値観は世代の移り変わりによって変化していきますが、家庭環境も大きく関わってきます。今の学生からは「親と同じような家庭を築きたい」という話がよく出てきます。親と同じような生育環境を歩み、学校や職場で出会った人と同類婚をしていくというパターンはとても多いのです。
現在の35歳前後の男女が子どもだったころは、まだフルタイムで働く母親は少なかったでしょう。でも彼らが今育てている子どもたちは、フルタイムで働く母親の姿が当たり前だと思って成長していきます。10年後、15年後の若い世代の価値観はさらに変化しているのではないでしょうか。

——末子17歳以下の子を持つ女性の就業について調査した最新のデータでは、就業時間が週30時間以上と29時間以下の就労がちょうど半々に分かれています。まさに過渡期と言えるかもしれません。

共働きが増えた背景には、妻にも働いてもらわないと経済的に厳しくなってきていることも挙げられます。夫の意識が「働いてもいいよ」から「働いてほしい」に変わっているのです。妻に働いてもらうために男性も家事をするという変化も伴っています。

これまでのように経済状況は右肩上がりとはいきませんが、二人で働くことで「やや豊かである」と実感する人たちが、これからの社会のボリュームゾーンになっていくでしょう。

――私たちが「イマドキファミリー」と呼んでいるのは、まさにこの層です。消費に意欲があり、働き続けるための手助けとして、時短できる製品やサービスも積極的に取り入れています。また、節約をしつつも教育費は惜しまず、子の習い事にも興味関心を持っています。

イマドキの子育て世帯が和気あいあいと、前向きに新しい時代をつくっていくことで、男女が平等に家事も育児も仕事もするという風潮がこれまで以上に強まってくるかもしれませんね。

家族を大事にしながら、個としても伸びやかに生きる時代へ

――共働き世帯の実態を知るために、2016年と2021年に同一項目で調査を行った

ところ、5年間で特に男性の意識が大きく変わっていました。例えば「時間に余裕があるときは、できるだけ子どもと向き合うようにしている」と回答した割合は約6ポイント上昇し、2021年には女性と男性の回答が同水準になっています。*1 これまでの日本社会において、家族に対する意識はどのように変遷してきたのでしょうか。

家族観の変化を示すデータとして紹介したいのが、「一番大切と思うもの」という質問での世論調査です（統計数理研究所「日本人の国民性調査」）（図19）。1958年から2018年まで5年に1回、「あなたにとって一番大切なものは何か」を年齢、男女問わずに記述してもらい、類似の回答をまとめて分類しています。

この図からもわかる通り、1960年代後半までは「家族が大事」と答えた人は1割強しかいませんでした。このころの日本は、農業や漁業など第一次産業中心の社会から産業構造が大きく転換していく、高度経済成長期です。家族には目もくれず、自分自身のことが重要になっていました。また、まだまだ第一次産業が中心でしたから、地域コミュニティや親戚との関係を優先する価値観が根強く残っていました。

それが高度経済成長を通じてサラリーマン社会が普及し、男性の多数が外に働きに出るよ

*1 「共働き家族の実態調査」（2016年度）、「子育て家族に関する調査」（2021年度）

うになり、公と私が分離したことで、「家族が大事」と考える人が増えました。近代家族、つまり父はサラリーマン、母は専業主婦で家事育児をするという、いまの私たちが当たり前に思っている家族像はこのころに形成されたものです。「マイホーム主義」「育児ノイローゼ」という言葉も、この時期から使われるようになりました。

――専業主婦は社会がつくってきたものだと考えると、働き方によって家族の形が変わっていくことにも納得できます。

1990年代に入ると、規制緩和によって、それまでいなかった女性のタクシー運転手が誕生するなど、今度は女性の職場進出が進みます。でもこれは、女性が

図19 「一番大切と思うもの」として「家族」が挙げられている割合の推移

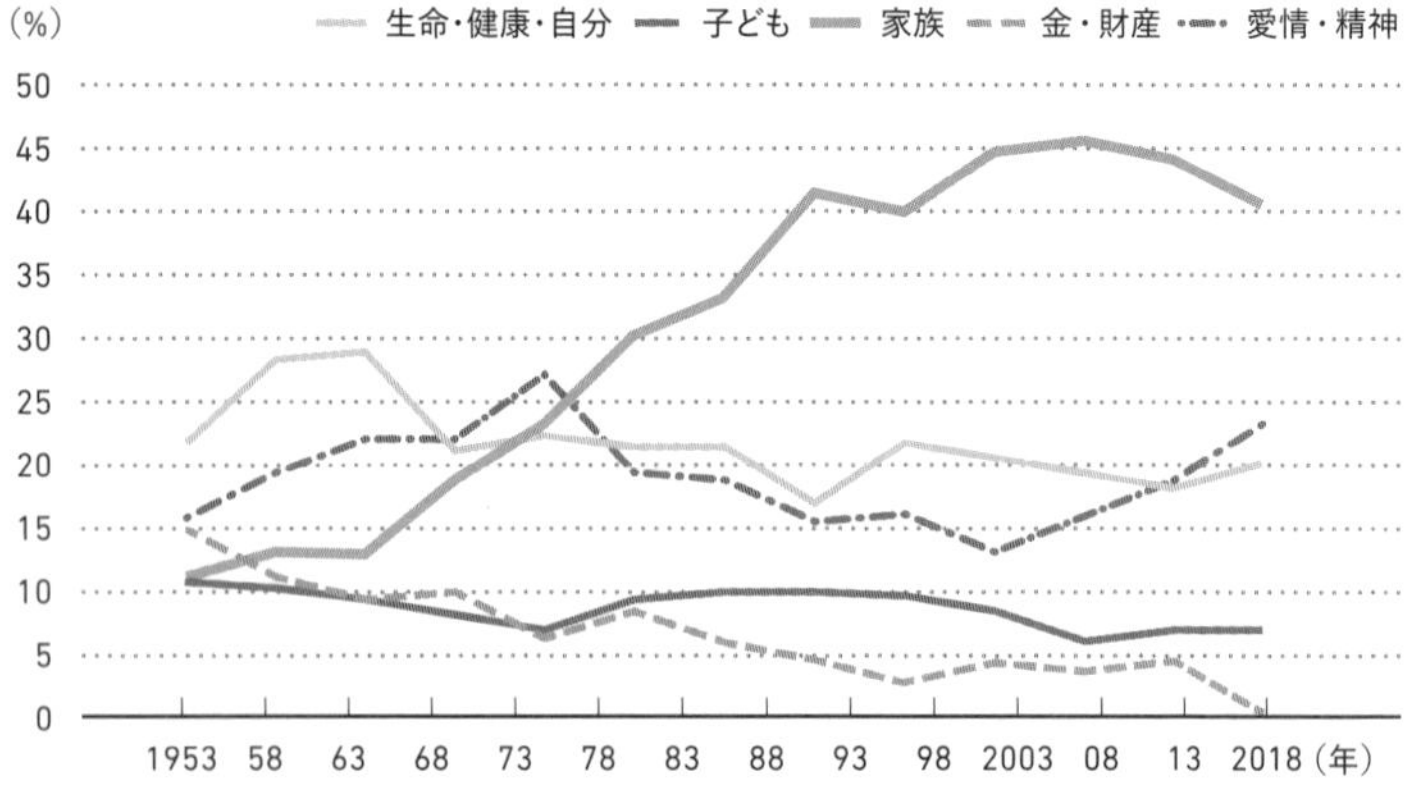

出典：統計数理研究所「日本人の国民性調査」

男性化して同じように働くようになるという話ではありません。むしろ、男性も猛烈に働く意識に疑問を抱くようになり、プライベートも大事にするようになったのが近年の傾向だと思います。

――私たちの調査では、35歳前後の共働き夫婦の間で「家族の時間も個人の時間もどちらも大事」という価値観が広がっていることが明らかになっています。「休日は自分の時間を作って楽しみたい」と回答した人が男女ともに6割で、「配偶者との、休める時間を50：50にしたほうがいいと思っている」と回答した男性は5割です。[*2] 今後は「個」を尊重する動きも進んでくると思われますが、これから家族と個の時間のバランスはどうなっていくのでしょうか。

すでにバランスを取る流れはできてきていると思います。ここ数年、夫は夫の実家、妻は妻の実家に帰省しているという話をよく聞くようになりました。その延長線上には男性の介護があります。かつてのような「介護はお嫁さん任せ」という認識はもう古く、50〜60代の男性が一人で帰省して母親の介護をするという話も珍しくありません。夫婦の個人化はすでに進んでいます。

＊2 「子育て家族調査」（2021年度）、「ダブルス夫婦に関する調査」（2022年度）

――確かに、旅行商品や映画のチケットなど「夫婦ペア」を売りにした商品が多かった時代から、一人単位で利用できる、自分だけの趣味を楽しめると訴求するフェーズに移ってきていますね。今後は「家族一緒に」に加えて「パパ一人で」「ママ一人で」というサービスや商品をより開拓する必要があるかもしれません。

また、帰省や介護に関して言えば、親世代が若い世代のリベラルな行動を許容するようになっていると感じました。個人を尊重するという意識の強まりは、世代の移り変わりより早いような気がします。

社会を取り巻く状況が移りゆく中でも、伸びやかに自分たちらしく生きている人がいるのは良いこと。個を大事にするからと言って、家族という形態がなくなるわけではありません。こうした変化を社会全体で受け止めていけたらと思います。

標準家族はもういない。これまでの「思い込み」を改めるべき

――西野先生は、性別役割分業意識の推移についても研究されています。

当研究所が「平日の家事実施率」について聞いたところ、共働き子育て世帯において、食事の片付けや風呂掃除、洗濯物干しなどをやっていると回答した男性が5割を超えました。

さらに「日常の家事は夫婦二人でやっている」と回答した男性は5割以上でしたが、女性は3割以下に留まりました。[*3] この回答を裏付けるように、女性の7割が「(家事を)自分が担うことが多い」と答えています。家事や育児について、男性は平等のつもりでも、女性はそう思っていないのはなぜだと思われますか。

イマドキの子育て世代は「男は外、女はうち」という意識はないと思いますが、依然として女性に負担が偏っているのは間違いありません。調査でも女性の家事時間は男性の3倍以上という結果が出ています(総務省「令和3年社会生活基本調査」)。
ただ、男性の家事や育児参加を阻むのは、気持ちではなく時間です。家事をやるために早く帰ろうと思っても、それを職場が快く思わなければ実行には移せないでしょう。男性が、上司など身近な年上の人の仕事ぶりや生き方を参考にしがちというのも大きいかもしれません。

――「上司がこうだから」行動できないという話ですよね。男性の育休取得が進まない理由も、ここにあるのかもしれません。
私たちはファミリーマーケティングに取り組みたい人や企業に向けて、さまざまな勉強会

＊3 「子育て家族に関する調査」(2021年度)

やセミナーを行っていますが、そこで寄せられる声の一つが「上司を説得できない」というもの。いくら最近の家族が変化していると伝えても、それをなかなか理解してもらえないという話でした。

家族の実態を理解して認識を改めてもらう必要がありそうですね。家計に関する税金や社会保障を計算する際に用いられる「標準家族」というモデルは、夫婦と子二人の四人で世帯主一人だけが働いている家族を指します。家族と聞いてこのような構成を思い浮かべる人は多いかもしれませんが、今や標準家族はほぼ存在していません。

最新の国勢調査では「子がいる夫婦」は25％。さらに17歳以下の子がいる世帯はその半分です。残り半分は高齢の親と未婚の成人の子がいる家庭です。

そもそも日本全国に夫婦と子がいる家庭は4軒に1軒で、中高生以下の子や赤ちゃんがいる家庭は8軒に1軒。ずいぶん少ないことがわかるでしょう。

これからの家族を考えるとき、従来の家族像を当てはめていくのは危険です。とはいえ、現状を納得してもらうためのエビデンスは必要。そういう意味で、みなさんの調査はいい資料になると思います。

――ありがとうございます。フルタイム共働き子育て家族は時間的余裕がないことから困りごとも多く、たくさんのニーズを抱えています。彼らのインサイトを探ることで、ファミリーマーケティングに悩む企業や当事者たちを応援していきたい。私たちはそのような思いで日々活動しています。

私は大学で日々若い世代と接していますが、彼らが「男女は平等でいいのだ」という意識を持つことが大事だと感じています。正しい実態を伝えるデータを発信していくことは意義があります。これからも皆さんの活動に期待しています。

東洋大学
社会学部社会学科　教授
西野理子さん
Michiko Nishino

文学修士。専門分野は、家族社会学、ライフコース論。2011年より現職。日本家族社会学会、日本社会学会、家族問題研究学会、比較家族史学会に所属し、日本の家族関係の動態に関する研究を行う。編書に『よくわかる家族社会学』(ミネルヴァ書房)、『現代日本人の家族：NFRJからみたその姿』(有斐閣)など。

第2章

イマドキファミリーの「食」事情

料理は好きだが「夕食づくりは負担」と感じるママたち

イマドキファミリーの約3割は平日毎日自炊しない

第1章にて、「3〜4割の共働きママが週に1回は冷凍食品やチルド食品を使っている」と紹介しました。では、共働きママたちの平日の夕食調理頻度はどの程度なのでしょうか。

当研究所の子育て家族調査（2021年度）によると、専業主婦ママのうち「毎日（週5日）」と回答した人が88％にのぼるのに対し、共働きママは「毎日（週5日）」と回答したのは69・7％で、18ポイントの差がありました（図20）。つまり、共働きママの約3割は、平日に夕食を自炊しない日があるということです。

図20 平日の夕食料理頻度

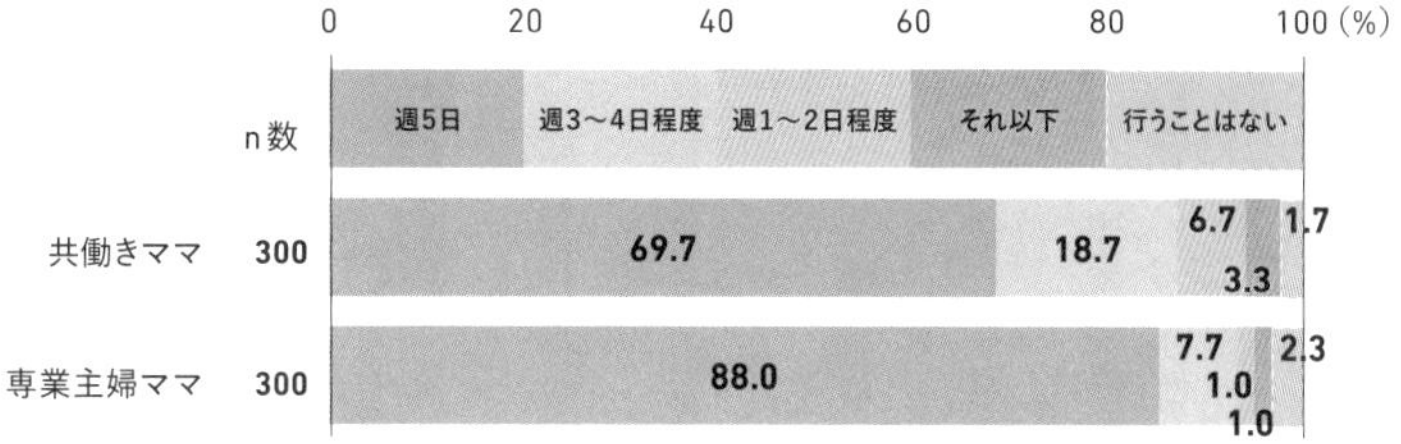

「子育て家族に関する調査」（2021年度）より

一方、直近半年で1回以上「ファミリーレストラン」で子どもを含めて外食した割合は、共働きママが72%、専業主婦ママが58%でした。また、ファミリーレストラン以外の「回転寿司」や「商業施設のフードコート」においても、専業主婦ママと比べると、共働きママで利用率が高く、外食と相性が良いのは共働き世帯と言えそうです。

共働き世帯の朝食に「卵メニューが登場しづらい」理由

共働きママと専業主婦ママでは、食卓に登場する食材、メニューにも違いがあります（図21）。「イマドキ家族の食事に関する共同研究（夕食の実態と支度に関する調

図21　朝食・夕食 食材別食卓への登場率
（平日に家族の食事として週3回以上出すと回答した人の割合）

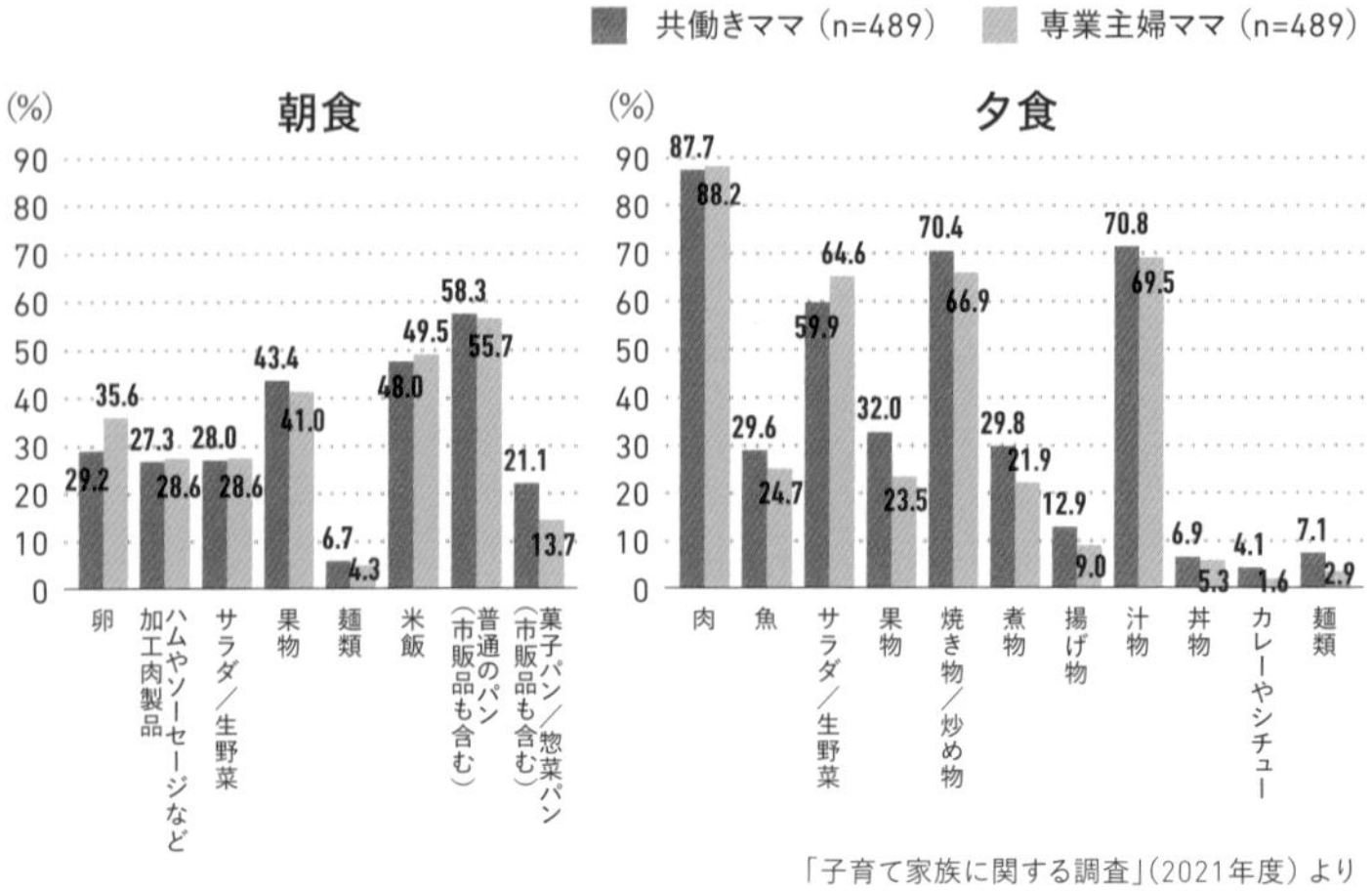

「子育て家族に関する調査」（2021年度）より

査）」（2018年度。以下、夕食実態調査）によると、朝食で「卵」を出すかという質問に対し、「週3回以上」と答えた専業主婦ママは35・6％でしたが、共働きママは29・2％です。卵は調理をしてから食卓に出すことが多いため、朝の時間が限られている共働きママの選択肢には入りづらいようです。

一方、共働きママの食卓により多く登場するのが「菓子パン／惣菜パン」です。（専業主婦ママ＝13・7％、共働きママ＝21・1％）。共働きママの朝食は、より手軽なものが好まれる傾向がありそうです。

「つくりおきの可否」が共働き世帯の夕食を左右する

夕食のメニューにも違いがあります。共働きママが夕食に「サラダ／生野菜」を出す割合は専業主婦ママより低く、代わりに「煮物」は共働き世帯で登場率が高くなります。

これには「事前のつくりおき」の可否が関係しています。煮物は前日の夜などに調理しておくことが可能ですが、サラダは食べる直前につくるので、共働きママにとっては準備に時間がかかってしまう印象なのかもしれません。

ただし、サラダと同じ生ものでも、「果物」は、共働きママが出す割合が高くなっています（「平日の夕食に週3回以上出す」と回答した専業主婦ママが23・5％、共働きママが32％）。

果物は調理不要で、水洗いするだけ、もしくはカットするだけで栄養素の補給ができます。また、保育園ではおやつとして提供される機会も多いため、共働き世帯の子にとっては夜のおやつ代わりやご褒美のような位置づけになっているのではないでしょうか。共働きママにとって、果物は重宝できる存在となっているのかもしれません。

「夕食のメニューを考える」こと自体に負担感

子どものいる世帯において、家事の中でも最も負担が大きいのは毎日の食事づくりではないでしょうか。特に共働き世帯の場合は時間が限られているため、さらに負担感は増します。２０１８年の夕食実態調査でも「平日の夕食づくり」に負担を感じる共働きママは87・３%にものぼる結果となっていました。専業主婦ママでも70・６%が負担に感じていると回答しているので、「夕食づくり」は、働き方によらない共通の悩みとも言えます。

一方で、共働きママと専業主婦ママでは、「夕食の支度にかける時間」に差がありました(図22)。「夕食の支度にかける時間」は、共働き・専業を問わず「30分程度」が３〜４割でボリュームゾーンとなっていますが、専業主婦ママは「45分程度以上」かける人が51・９%いるのに対し、共働きママは30・７%でした。

また、「20分程度以下」でつくると回答した共働きママは30・７%。共働きママが短時間で夕食の準備をしている実態が示唆されています。調理時間短縮のため、共働きママはつくり置きをするなどして、一週間の夕食のやりくりをしているのです。

ところで、子育て中の女性たちは具体的に夕食づくりのどのような点に負担を感じてい

図22 平日の夕食の支度にかける時間

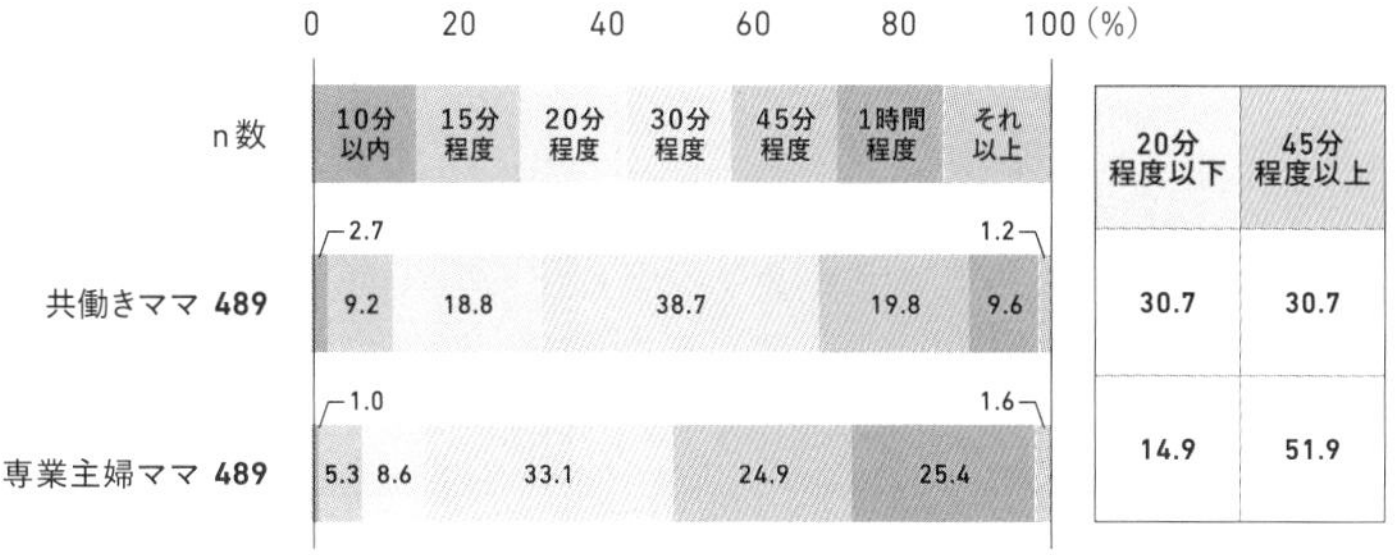

「イマドキ家族の食事に関する共同研究（夕食の実態と支度に関する調査）」（2018年度）より

るのでしょうか。共働きママが最も負担に感じているのは「調理をする」ことで82・9%、次いで「メニューを考える」が80・3%、「買い物をする」が56・2%となっています。

調理だけでなく、「メニューを考える」こと自体も頭を使うため、大きな負担となっています。

おいしくて栄養があれば、調理方法は「簡便」でOK

調理に関しては、共働きママも専業主婦ママも「おいしく仕上がるのであれば、調理方法は簡便でもよいと思う」（共働きママ＝91・4%、専業主婦ママ＝88・8%）、「栄養が取れているなら、調理方法は簡便

図23　食事の支度に関する価値観

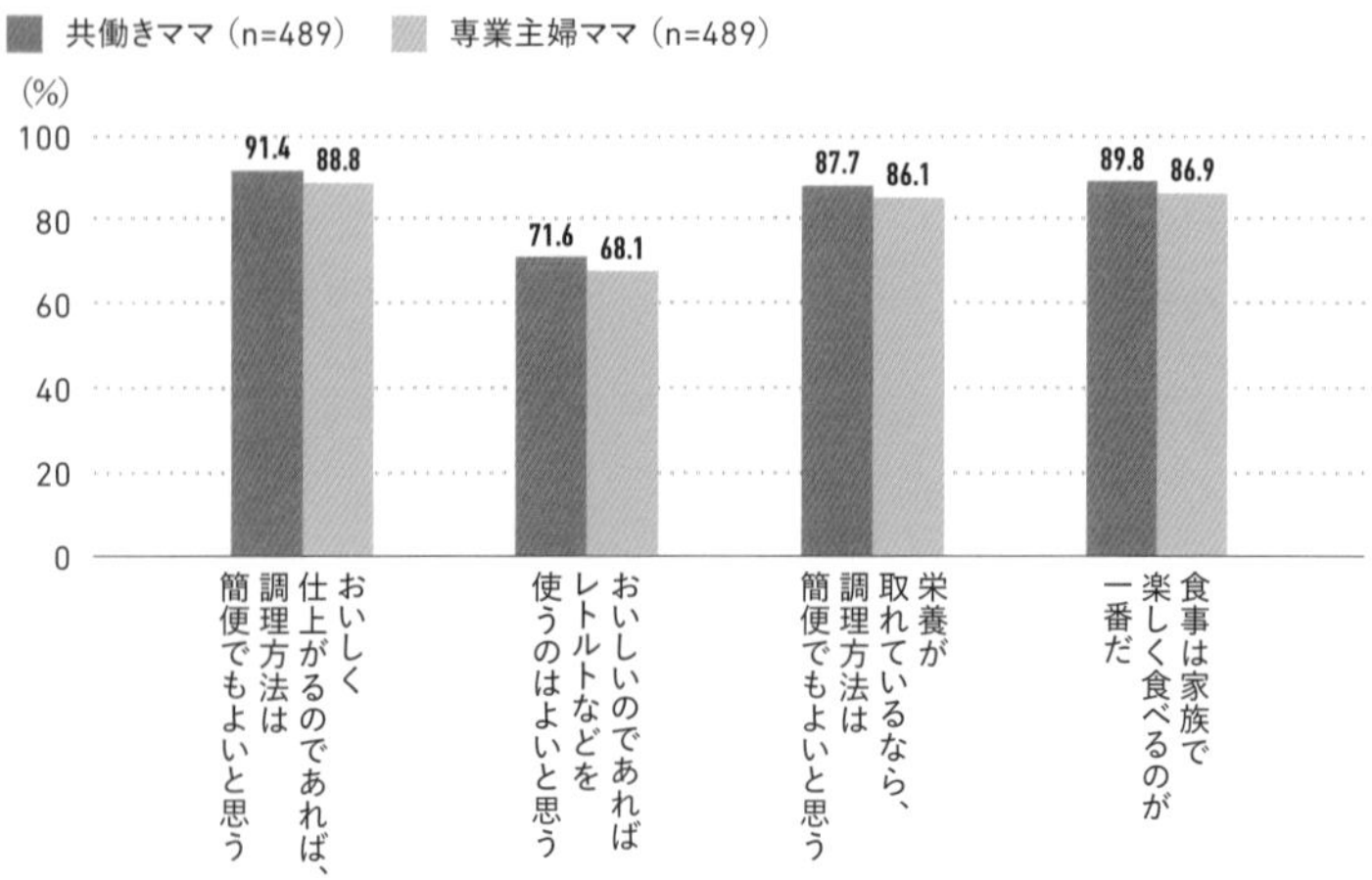

「イマドキ家族の食事に関する共同研究（夕食の実態と支度に関する調査）」（2018年度）より

でもよいと思う」（共働きママ＝87・7%、専業主婦ママ＝86・1%）と、簡便化を肯定する意識が非常に高くなっています（図23）。

レシピサイトなどでも「時短料理」「ズボラ飯」などのキーワードを多数見かけます。簡単に短い時間で仕上がる料理は子育て中のすべての女性共通のニーズと言えます。また、「食事は家族で楽しく食べるのが一番だ」と考えるかどうかという質問にも、共働きママ・専業主婦ママともに、約9割が「あてはまる」と回答しています。子育て中の女性の望みは、「家族との楽しい食卓」なのです。

図24 「料理は好きだ」と答えた割合

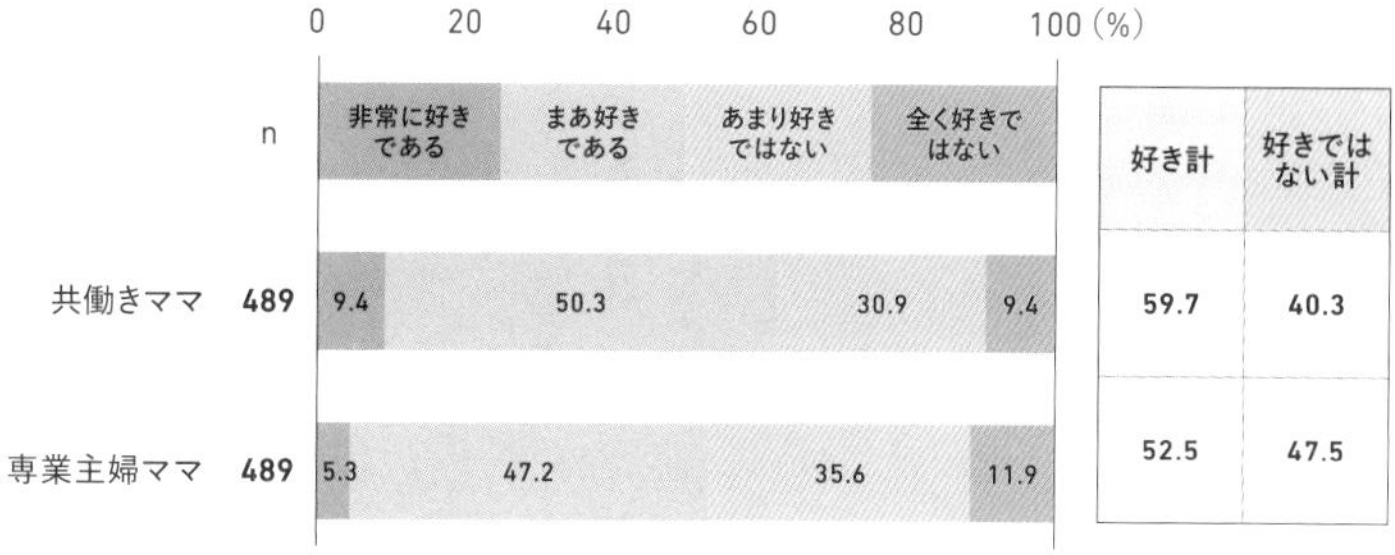

「イマドキ家族の食事に関する共同研究（夕食の実態と支度に関する調査）」（2018年度）より

「夕食づくりがつらい」背景にある、食文化の呪縛

では、夕食づくりに負担を感じる人は、料理そのものが嫌いな人なのでしょうか。「料理を作ることが好きか嫌いか」という質問では、共働きママは「好き」が59・7%、専業主婦ママは52・5%でした。夕食づくりやメニュー決めの負担感とはうらはらに、実は料理自体はそこまで嫌いではない人が多いのです（図24）。

嫌いではないのに負担を感じる原因は、日本の家庭料理文化にありそうです。日本には主食のご飯に主菜と2種類の副菜、さらに汁物をつける「一汁三菜」という食文化があります。自分が親になり、食事の準備をする役割を担うようになったら、「一汁三菜」のような理想的な食事づくりをしなくてはいけないと考えてしまう人も多いのかもしれません。

何より家族に「栄養バランス良く食べさせたい」という思いは、いかに調理方法を簡便化しようとも、簡単にあきらめきれないのでしょう。

「時短」「栄養バランス」「楽しさ」を満たした商品も登場

これまでに示したように、母親たちは「調理が簡便であればクオリティは二の次でいい」と考えているわけではありません。

味に加えて見栄えや栄養バランスが良い、子どもが喜んでくれるなど、プラスアルファの要素がある商品やサービスを求めているのです。

このような要素を満たす商品として私たちが注目したのは、ハウス食品の「ごちレピライス」です。

固形ルウ商品で、ひき肉と玉ねぎを用意するだけでタコライスやキーマカレーなどのメニューが簡単につくれます。手間要らずでタンパク質や野菜、炭水化物が取れるメニューができる点に加えて、公式サイトではレタスやトマトなどを添えることで「ごちそう感」

ハウス食品「ごちレピライス」。家にある材料で簡単に「ごちそう感」のあるメニューが作れる。時短＋αの要素が充実した、共働きママにとってうれしい商品。

が出ると訴求しています。

さらに冷凍保存しても風味が変化しづらい味設計や、冷凍した状態で簡単に割りやすい、つまり必要な分だけ取り出して解凍できるという点も、忙しい共働きママにとっては便利に映るでしょう。

時短に加えて栄養、見栄えも良く、お店で食べるような楽しさを与えてくれる商品だと感じました。

「朝ごはんはとにかく手軽に」が共働きママの傾向

簡単な朝食と品数の多い夕食でメリハリ

イマドキの共働き家族は具体的にどのような食事をしているのでしょうか。当研究所は、2018年に朝食・夕食の9日間の写真日記調査を実施し、イマドキ家族の食卓と、そこから見える家事や育児に対するインサイトを探りました。

この調査では、共働きママグループと専業主婦ママグループでそれぞれオンライン上のコミュニティをつくり、食卓写真とともに、つくった際の気持ちや家族の様子について、日記形式で投稿を依頼。集まった共働きママ207件、専業主婦ママ266件の写真データ

図25 写真日記より：共働き家族の朝食・夕食

共働きママ37歳、子ども3歳

- スティックパン
- ヨーグルト

調理時間0分。
夫は物足りないようで、
パン3本
食べていました。

- ご飯
- 塩鮭のカマ
- 厚揚げと人参の煮物
- カニカマときゅうりの酢の物
- ほうれん草と卵のコンソメスープ

共働きママ41歳、子ども小学校1年生

- パン
- ウィンナー
- サラダ

- ご飯
- 味噌汁
- 豚バラナス炒め
- 厚揚げ煮
- もやしナムル
- 韓国のり

共働きママ38歳、子ども小学校1年生、4歳

- シリアル
- りんご

- シリアル
- チーズ
- ヨーグルト

- ハッシュドビーフリメイクドリア
- 野菜炒め
- トマトサラダ
- 厚揚げ焼き

「イマドキ家族の食事に関する共同研究
（朝食・夕食の9日間の写真日記調査）」（2018年度）より

を分析しています。

共働きママの写真データからは、簡単な朝食と品数の増える夕食とのギャップが多く見られました。図25の写真は共働きママの朝食写真と夕食写真をピックアップしたものです。パンとヨーグルトを朝食に出していた女性からは、「調理時間0分。夫は物足りないようで、パン3本食べていました」との解説コメントがついていました。

このコメントからもわかる通り、共働きママから簡便な食卓について罪悪感を持つ様子はまったくと言っていいほど見られません。

続いて、共働きママと専業主婦ママそれぞれのコメントから見えた傾向を紹介します。

共働きママ

- 食事の支度を簡単に済ませたことへの罪悪感はない
- 「子どもが『食べたい』と言ったバナナを昨日あげるのを忘れたので」「鯵を消費しなければならなかったので」など、タスクをこなすような意見が目立った

専業主婦ママ

- 簡単な食卓の日について「自分が早く起きられなかったために」「今日はラクをさせてもらいました」等、何かしら理由をつける人が多かった
- 「夫の血圧が高いので」「夫が太り気味なので」等、食事の内容について夫に関する言及があるのも特徴（共働きママからは、夫への言及は見られなかった）

専業主婦ママの中には、夫の健康管理まで「自分の仕事」と捉えている人が一定数いるようでした。しかし、共働きママからは、「夫の健康管理を自分がする」意識は見られませんでした。

一食ではなく、「一日」「一週間」単位でバランスを取る母親たち

共働きママは、家族の夕食にレトルトや冷凍食品を出すことについてどう思っているのでしょうか。

商品カテゴリーによってやや違いはあるものの、市販品を家族の夕食に利用することを

図26 「家族の夕食に市販品を使うこと」についての肯定的割合

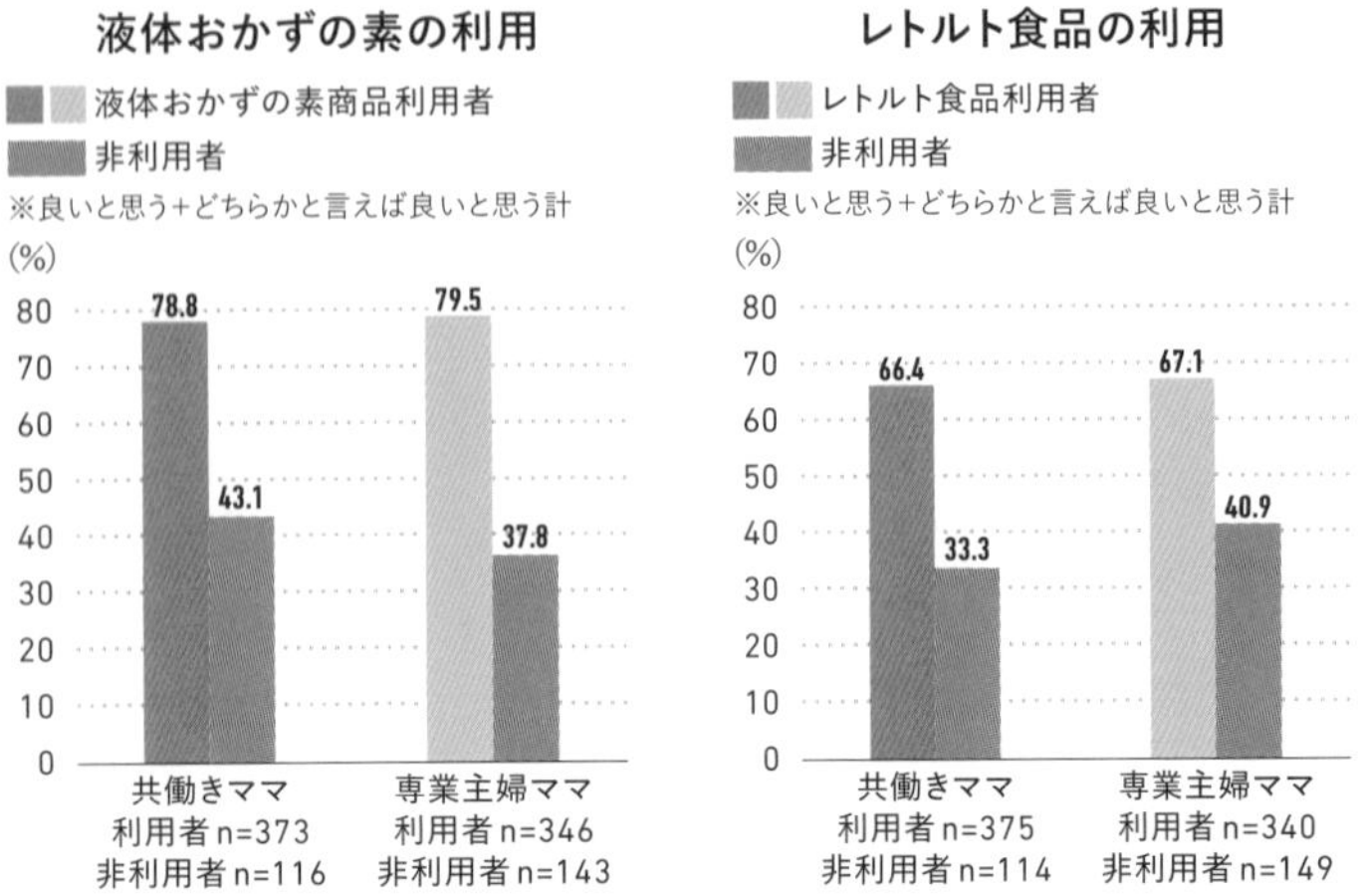

「イマドキ家族の食事に関する共同研究（夕食の実態と支度に関する調査）」（2018年度）より

肯定的に思う割合が6～7割台と高い水準となっています。なお、専業主婦ママも同様の結果となりました（図26）。

罪悪感を持ちながら使っているのではなく、市販品に頼ることで生まれた時間で、「子どもと楽しいひとときを過ごすことができる」と合理的な選択をしていることが、回答率の高さにつながっているのでしょう。

朝食において、タンパク質を取らせたいという意識から、「厚揚げ・さつま揚げ」を連日食卓に出している共働きママもいました。調理器具を使わず、トースターであぶるだけで済むのが理由のようです。

図27 共働きママが朝食において大切にしていること

朝はあまり量を
食べられないので、
ささっと食べやすいもの
を選ぶ

すぐに食べられ、
娘が完食してくれる
菓子パンを
よく出している

娘が朝ご飯食べるのに
時間がかかるので
簡単に食べられ
なるべく好きなもの
を出すようにしている

「時短」&「子どもが食べてくれる」「栄養が取れる」
ことが大事！

そのために、細かなこだわり（毎日違うメニュー、一汁三菜・・・）はあきらめる

▲

背景にあるのは…

「一日を気持ちよくスタートしたい」という思い

早く作らなきゃと慌てたり、
遅刻するからと子どもを
せかして食べさせたりと、
朝からみんなが疲れて
イライラすると
一日中嫌な気持ちに
なってしまうので、
「朝は無理はしないでおこう」
と決めました

朝はテンションを上げる
ためにも
自分の好きなもの
を食べたい
それは子どもも
同じだと思うので

「イマドキ家族の食事に関する共同研究
（朝食・夕食の9日間の写真日記調査）」（2018年度）より

また、ベビーチーズやスライスチーズなど「そのまま食べられるチーズ」を多用する家庭が多いのも特徴的でした。「タンパク質の摂取」という目的が果たされるのであれば、「食卓はこうあるべき」という固定観念に捉われていないことが見て取れます。

共働きママが食事において大切にしていることは「時短」＋「栄養が取れる」に加えて「子どもが喜んで食べてくれること」。朝から口うるさく怒りたくない、時間のない朝をスムーズに運営して子どもも自分も気持ちよく一日のスタートを切りたいという思いがあるようです（図27）。

そのためにも「品数を多くする」「毎日違う食事を用意する」といった課題はクリアしなくてもいい。そんな前向きな共働きママたちの割り切りが調査結果から見られます。

イマドキママは、「手軽さだけを重視する」のでも、「常に完璧を目指す」のでもなく、メリハリをつけながら日々の食事づくりを乗り切っています。一日単位で、あるいは一週間トータルでバランスが取れていればいいと考えているのです。そんな「メリハリ・トータルバランス」戦略を取る母親に寄り添った商品やメッセージを提案していく必要があります。

「朝食で栄養が手軽に取れる」商品に開拓の余地あり

メリハリ・トータルバランス戦略を取る母親に向けて、新たに提案するならどんな商品がいいでしょうか。

調査結果から私たちが思いついたのは、「朝専用冷凍食品」と「キッズ向けのちくわ」です。チャーハンやパスタをそのまま休日のランチに出す、ハンバーグやコロッケ、餃子を弁当や夕食のおかずにするなど、冷凍食品は日常的に使われています。

そのため、冷凍食品メーカーでも冷凍食品を使った朝食用の「アレンジレシピ」（冷凍コロッケを使ったコロッケサンドや、冷凍野菜を使った具沢山スープなど）を訴求している例もあるようです。

しかし、アレンジをする手間や、アレンジレシピの中からこれという一品を見つける時間もないのがママたちの本音。「これを一つ足しておけば朝の栄養バランスは問題なし」という商品があれば、シリアルやヨーグルトなどで足し算しながら栄養バランスを考えている母親にとって、強い味方となりそうです。

また、厚揚げやさつま揚げなどの練り物を朝食で出す母親がいる一方で、ちくわの1世帯あたり消費支出は1993年に2982円だったのが、その後は下降傾向にあり、10年後の2003年には1826円に。現在まで横ばいが続いています（日本かまぼこ協会公式サイトより引用）。

しかし調理器具不要で手軽に魚のタンパク質が取れる商品として考えると、ちくわにも十分需要があるのではないでしょうか。子ども向けに「カルシウムなどの栄養素を強化する」「塩分を抑える」などの工夫をした商品であれば、食事として、そしておやつとして、子育て層が手に取る頻度も上がりそうです。

新商品を開発することだけでなく、既存商品でもコンセプトを見直してみることで、イマドキ家族のルーティーンに入り込める可能性があるかもしれません。

スムーズな日常のために朝食のメニューは「考えない」

共働きママは朝食メニューを固定化する

朝は簡単に済ませる傾向の共働きママに、もう一つ見られた特徴が「パターン化」です。専業主婦ママが「脱マンネリ」を目指す傾向にあるのに対し、共働きママの写真日記調査では、「9日間毎日パンとソーセージとレタスサラダ」「ご飯・みそ汁・納豆に毎日のようにシリアル食品を添える」様子が確認できました。また、「朝食は毎日同じメニュー」というコメントも目立ちました（図28）。パターン化することによって、毎日メニューを考えることを省略していると推察しています。

また、写真日記調査で、「ほかの人のメニューを見て取り入れたいと思ったこと」を聞い

図28 「朝食は毎日同じ」派の共働きママの声

毎日同じメニューなので
動きが一緒で
特に苦労している
ことはない。
数種類パターンを決め
前日に息子に
選んでもらっています。
（未就学児6歳ママ）

朝食はいつも
同じメニュー。
野菜ジュース・ヨーグルト・
卵・パンと、準備する
ものが決まっています。
（未就学児6歳ママ）

朝は毎日違うメニューを
考えることなく、
ワンプレートに
ワンパターンのメニューを
載せ続けています。
（小学校一年生ママ）

「イマドキ家族の食事に関する共同研究
（朝食・夕食の9日間の写真日記調査）」（2018年度）より

たところ、専業主婦ママは「ランチョンマットを使う」「おにぎりに使う海苔の飾り切り」など、やや頭を使う作業や見た目の工夫について言及していました。

一方、共働きママは「肉まんを朝食に出せば、炭水化物とタンパク質が一度に取れそう」「野菜が出せないときは果物で代用する」など、考えずにすぐに実行できるメニューに支持が集まっていました。

共働きママは「前日まで」にメニューを決める

夕食実態調査によると、「平日の夕食メニューの決定タイミング」

の結果も共働きママと専業主婦ママでは異なりました。

専業主婦ママは「当日の日中」が最も多く、35・2%。共働きママは「当日の夕方」が26・8%である一方、「直前の週末」（14・5%）と「数日前」（12・3%）、「前日の夜」（16・2%）を合わせると43%で、前日の夜までに4割強がメニューを決定しています。忙しい当日の夕方に「考えること自体を省略する」行動を取っているのだと推測できます。

次の章では、共働きママたちの「考えない戦略」について、さらに言及していきます。

COLUMN

写真調査から見えてきた「料理が好きなのに負担」の理由

カラッと揚がったトンカツやクリームシチューをメインに、テーブルいっぱいに並べられた数々の副菜。図29（上段）に掲載した料理の写真は、どれも品数が多くて栄養バランスや彩り、配膳なども工夫されていると思いませんか。

実はこれらの食卓を準備している母親たちはいずれも、「料理が好きで得意だけれど、料理を負担に感じている」と回答した人たちなのです（「イマドキ家族の食事に関する共同研究【夕食の食卓写真分析】」、２０１８年度）。品数や栄養、彩りなどを考慮した夕食を出さなければいけないと思っているためか、負担感が高くなっている側面がありそうです。

一方、その下で紹介している写真は、「料理が好きで得意で、あまり負担に感じていない」と回

図29 写真日記より：「料理が好きで得意」なママの食卓

「負担を感じている」と回答した人の食卓は品数多め

▶共働きママ、長子4歳

▶共働きママ、長子6歳

▶共働きママ、長子5歳

▶専業主婦ママ、長子9歳

▶専業主婦ママ、長子2歳

「負担に感じていない」と回答した人は、食事の準備に凝らない傾向

▶共働きママ、長子1歳

▶共働きママ、長子3歳

▶専業主婦ママ、長子1歳

▶専業主婦ママ、長子4歳

▶専業主婦ママ、長子7歳

「イマドキ家族の食事に関する共同研究
（夕食の食卓写真分析）」（2018年度）より

答している母親たちの食卓です。

先ほどの写真よりも品数や彩りが総じて少なめ。ザク切りのままのトマトやゆで卵、おにぎりに蕎麦といった主食同士の組み合わせなど、一見斬新なメニューが並んでいます。

しかし、この写真からは「家庭の食卓はこうあるべき」という固定観念に捉われず、自分なりに料理を楽しんでいる様子がうかがえます。


負担感の軽減には、夫の食事づくりへの積極的参加はもちろん、惣菜や弁当、ミールキット[*1]の利用や、宅配食材、フードデリバリーや外食など外部のリソースの活用も効果があるでしょう。

それに加えて、共働きママ自身が「毎日完璧でなくていい」という割り切りや「今も十分がんばっている」という自己肯定感を持てるようになることも重要なのかもしれません。

＊1　一食分の食材と調味料やレシピなどが一式になった、時短調理用のセット

COLUMN

当事者目線で「おやつ調査」を読み解く

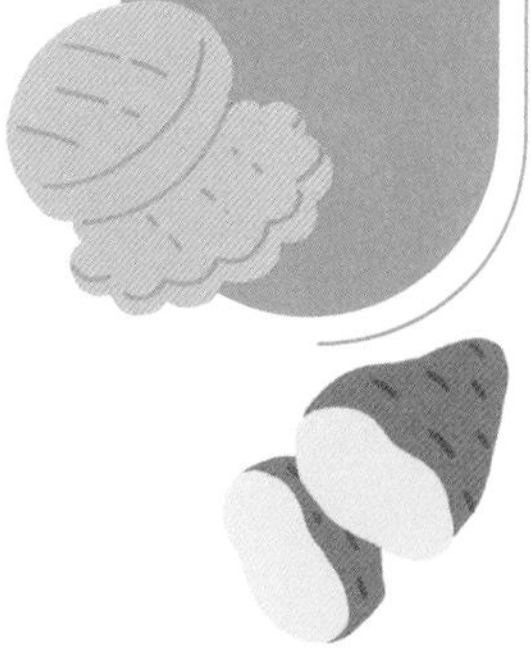

ここで私たちの調査とそれに基づく分析、企画提案のためのディスカッションの一部を紹介します。題材として取り上げるのは「おやつ」です。

85ページで、共働きママは夕食に果物を出す割合が高いと説明しましたが、この傾向はおやつ選びにも表れています。

2018年の夕食実態調査で「子どもの年齢が3〜5歳のとき親があげるおやつ」を聴取したところ、共働きママは「いも」「おにぎり」「果物」といった素材の味をそのまま楽しむおやつを与える割合が専業主婦ママより高いことがわかりました。一方、専業主婦ママは「市販のクッキー」「チョコレート」の割合が共働きママより高い結果でした。

この結果をあなたはどう考えるでしょうか。「共働きママは健康意識が高いから」「世帯収入が多いので、果物を買う余裕がある」…?

確かに、年収別で分析をしてみると、年収が高いほどおやつに果物を出す傾向が見られました。ただ、「子どもの健康を気遣う食意識」を調査したところ、共働きママ・専業主婦ママで大きな違いはありませんでした。

そこで、子どもにおやつをあげる当事者目線・企画視点でこの調査結果を読み解いたところ、次のような仮説が立てられました。

共働きママが子を預けている保育園では、「おやつ」といえば日々の食事で不足する栄養やエネルギーを補う「補食」の位置づけ。市販のお菓子ではなく、いもや蒸しパンなどを提供されることも多く、子どももそのようなおやつに慣れている。
また、平日に親がおやつをあげるタイミングは、夕方のお迎え後から、食事の支度をする間が多い。

⬅

- 夕食までのつなぎとなり、「食事の一部としての栄養が取れるもの」がおやつとして求められている。
- お迎えから帰宅までの道中、電動自転車のチャイルドシートなどでおやつをあげる割合も高いので、片手で食べられて食事の一部となる市販品には需要がありそうだ。

3～5歳の子を持つ専業主婦ママの回答で「クッキー」「チョコレート」などの市販のお菓子が高くなった理由として、幼稚園の降園後に子ども同士が集まって一緒に食べる機会が増えることも一因として考えられる。

⇦ 大袋入りのクッキーなどは、子ども同士がシェアしやすいような個包装で、個数の表示がされているか。また、屋外へ持ち運びしやすく、ごみが散らばりにくい形状になっているだろうか。

商品開発やコンセプト開発だけでなく、メッセージや広告表現においても、やはり当事者だからこそ気づける「違和感」があるのは確かです。

開発や制作の自社担当、あるいはパートナー企業、協力会社スタッフに、親の目線かつプランナー・クリエイター視点で考えられるスタッフをアサインすることを意識して損はないと思います。

第3章

思考をアウトソーシングする「考えない戦略」に商機

「考えない」は商品開発やコンセプト訴求の肝

タスク山積みの毎日で「考えない」ことが求められている

朝食のメニューを固定化する、夕食メニューを当日ではなく事前に決めておくなど、共働きママがあえて「考えない」ようにしているのはなぜでしょうか。家事・育児・仕事などで、脳内メモリが限界を超えそうになっているからです。

現代社会において、情報は取得しようと思えばいくらでも入ってきます。食事のメニューを考える、子どもの保育園の支度をする、宿題を見守るなど最低限こなさなければいけないタスクに加え、予防接種の予約、図工の持ち物準備、次の家族旅行の宿泊先検討など、イレギュラーなタスクも続々と増えていきます。

イマドキの共働き世帯は夫が家事や育児に積極的に関わっているとはいえ、育児に関する日々の情報を入手・整理し、考えて判断するという「隠れた家事」は、妻が中心となっていることがほとんどのようです。

実際、「子ども関連のスケジュール・内容・情報について把握する」ことを「夫婦二人で同じくらいやっている」と答えた共働きママは2割程度で、「自分が担うことが多い」が78%でした（「子育て家族に関する調査」、2021年度）。

そのため、重要なことを考える余力を残せるように日々こなす家事については「考えない戦略」を取っているのです。

家事スキルがない人も家事参加しやすくなる

「考えなくて済む」という点は、日頃考えることが多い多忙な母親・父親たちへの大きな訴求ポイントとなります。また、「思考をアウトソーシングできる」商品やサービスを展開する企業も増えてきたように感じます。

さらに、こうしたコンセプトの商品やサービスにはもう一つ利点があります。それは、家事に慣れていない家族でも家事に参加しやすくなることです。

考えなくて済むからこそ、家事スキルが低い人でも使える

例えば「洗濯乾燥機」。一度スイッチを押せば洗濯から乾燥まで完了してくれるので、洗濯が終わるのを待って、取り出し、干して、また取り込む…という手間がかかりません。家事の時間短縮、ほったらかしで済む点は大きな訴求ポイントですが、日頃担当している妻（あるいは夫）が夫（あるいは妻）に「こうやって干して」と説明する時間が減り、洗濯物の干し方の違いでの小さなもめごとも減らしてくれます。

また、1本で床や窓、キッチンカウンターまで掃除ができる洗剤などは「とりあえずこれを使っておけばいい」ので誰でも使いやすい。家族で家事をシェアしやすい洗剤である、とメッセージするこ

ともできるのではないでしょうか。

考えなくて済むからこそ、家事スキルが高くない人でも使える。「Think Less（考えない＝シンクレス）」かつ「Skill-Less（スキルが要らない＝スキルレス）」な商品群だと私たちは捉えています。

「考えなくて済む」商品が家事シェアの心理的負担を下げる

洗濯機に関しては、さらに先の「考えない」を打ち出す商品として、家電メーカー各社が「洗剤自動投入の洗濯機」を出しています。毎回洗剤を量って入れる必要なし。何目盛り入れるのかを覚えておく必要もなく、入れ忘れも防げます。

２０１９年に開催された当研究所主催のセミナーでも、登壇したパナソニックの担当者から「10年前は売れなかった洗剤自動投入機能が、ここ数年で支持されるようになってきた」とコメントがありました。これは「考えない」戦略を取る、共働きママの増加によるものと言えます。

また、花王の食器用洗剤「キュキュット」は２０２２年にテレビＣＭ「キュキュット　難しく考えない篇」を公開。コップなどの食器を洗ってから油で汚れたフライパンを最後に洗うなどの順番を「考えずに洗うのだ！」と訴求しています。
「洗う順番を気にしなくていい」こと自体は、それほど大きな時短にはつながらないかもしれません。しかし、「スキルレス」で日頃食器や調理器具の洗い物に不慣れな人に家事のノウハウを伝えずに済む（相手の洗い方を気にせずに済む）という点は、家事シェアの心理的負担を下げる商品になっているのではと考えられます。

「〇〇不要」がイマドキママたちを助ける

忙しい女性が「考えない戦略」をとるためには「〇〇不要」というワードも重要な要素だと考えます。家族にタンパク質を摂取させるために、朝食に厚揚げやさつま揚げ、チーズを用意している例を第2章で紹介しましたが、私たちの調査結果からも「調理不要なタンパク質」が求められていると言えます。

「こすり洗い不要の浴槽洗剤」など、「不要」を打ち出した商品がすでに市場にはありますが、調理器具不要、計量不要、温め不要、水不要など、世の中にはまだまだ「〇〇不要」を提供できる商品があるのではないでしょうか。自社の商品で「〇〇不要化」ができるものがないかという視点で発想を広げていくのも手かもしれません。

あるいは、単にうたっていないだけで、実は「○○不要」と訴求できる商品がすでにあるかもしれません。

「これさえあれば間違いない」を訴求していくのも、素早く具体的な解決策を求める共働きママにフィットします。モノも情報も色々ある中で貪欲に検討していくこともありますが、日用品については、「これが鉄板」と売る側に言い切ってほしいときもあるのです。

イマドキママの64％が「悩みごとも夫にシェアする」

先輩ママから仕入れた情報も夫に共有

家事や育児を夫婦間でシェアするイマドキの共働きママ、パパたち。そんな共働きファ

図30　夫婦の配偶者に対する意識

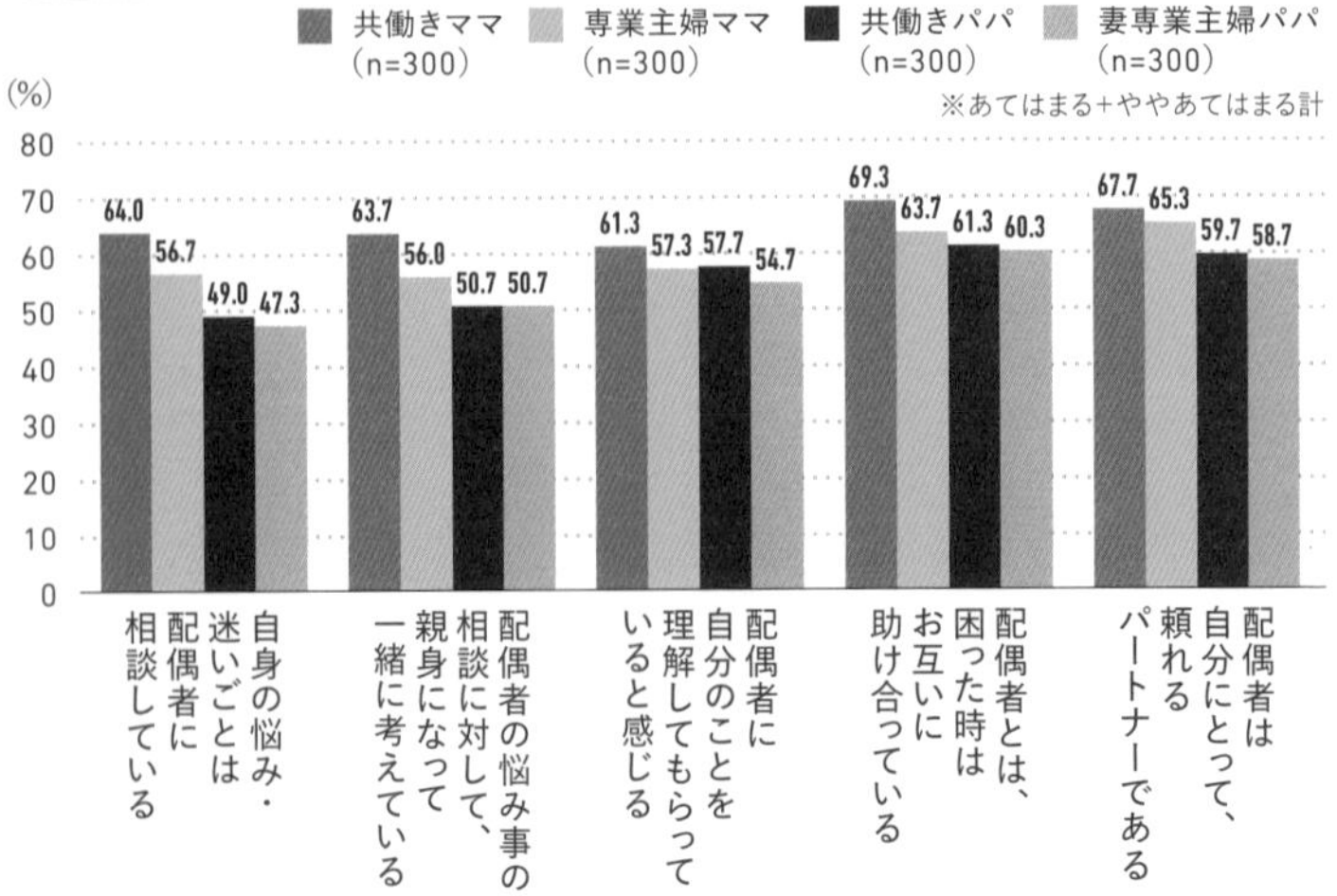

「子育て家族に関する調査」（2021年度）より

ミリーは、悩みごとのシェアにも積極的です。

２０２１年の子育て家族に関する調査では、「自身の悩み・迷いごとは配偶者に相談している」と回答した共働きママは64％。専業主婦ママ（56・7％）より高い数値となっています（図30）。また、相談したり一緒に考えたりする意識は、夫より妻のほうが高い点も特徴的です。

さらに、「共働き家族のメディア接触に関する調査」（２０１７年度）の「職場や外出先などで話題になったことは、家庭内でも共有する」という質問への回答でも、やはり共働きママが突出して高い水準にあります（図31）。

職場で話題になるのは、仕事の話だけ

図31「職場や外出先などで話題になったことは、家庭内でも共有する」と答えた割合

※あてはまる+どちらかというとあてはまる計

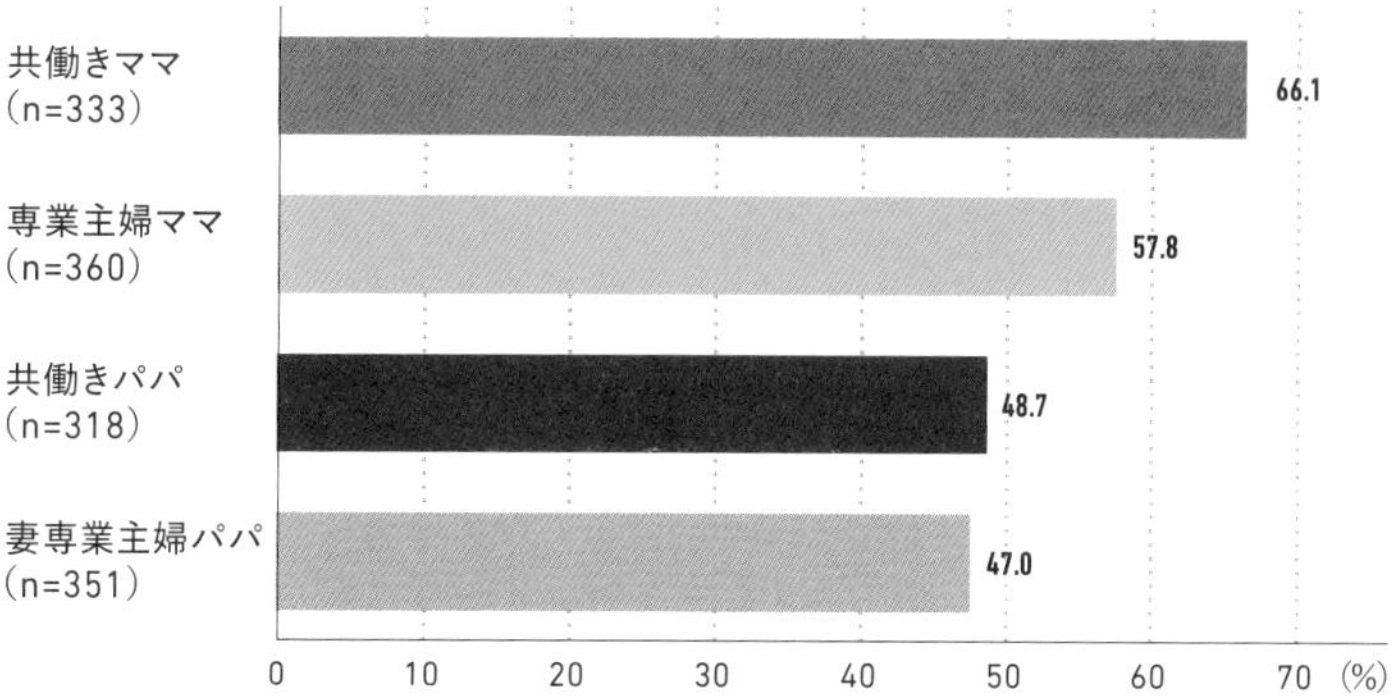

「共働き家族のメディア接触に関する調査」(2017年度)より

に限りません。職場にいる先輩ママ・パパから仕入れた育児情報や子どもが喜ぶおでかけ先の情報などを、夫に共有しているのだと考えられます。

共働きママの情報共有意識や相談意識が高い理由は、先ほどの「考えない戦略」でも紹介した通り、あふれそうな脳内メモリから少しでも「考えること」を夫にも担ってほしいという意識の発露かもしれません。自分の脳内メモリが消えたときに備えた、バックアップの意味合いもあるでしょう。

いずれにせよ、共働きママの悩みごとや情報シェア行動の高さは、「もっと夫を巻き込みたい」意識から生まれていると言えるでしょう。

惣菜、家電、インテリアは「二人で相談して決める」

第1章では、イマドキの共働きファミリーは夫も家族で使う商品のブランド決定に関わっていると説明しました。

調査の回答を細かく分析すると、共働きパパのブランド決定は「自分一人ではなく、妻と二人で」行っていることが推測できます。共働きママは、困りごとや悩みごとだけではなく、日常的な買い物に関しても夫に情報をシェアしているのです。

では、「夫婦二人で」決める割合が高い商品カテゴリーとは一体何でしょうか。

図32は、それぞれの商品カテゴリーの「ブランド決定」について、夫婦のどちらがしているかを、夫が回答した結果です。この中から、「ほとんど二人」（夫婦二人で決めている）の割合に注目して見ていきます。「外食先」「お出かけ先としての商業施設」は、共働きパパ、妻が専業主婦のパパのいずれも「二人で」決めることが多いカテゴリーとなっています。

一方、「二人で」の割合が共働きパパで4割を超え、かつ妻が専業主婦のパパと10ポイント程の差があるのが、「惣菜・弁当」「家電」「インテリア雑貨」です。

図32 「ブランド決定」を夫婦どちらがしているか（夫の回答）

共働きパパ

※各商品、家庭で購入している人ベース

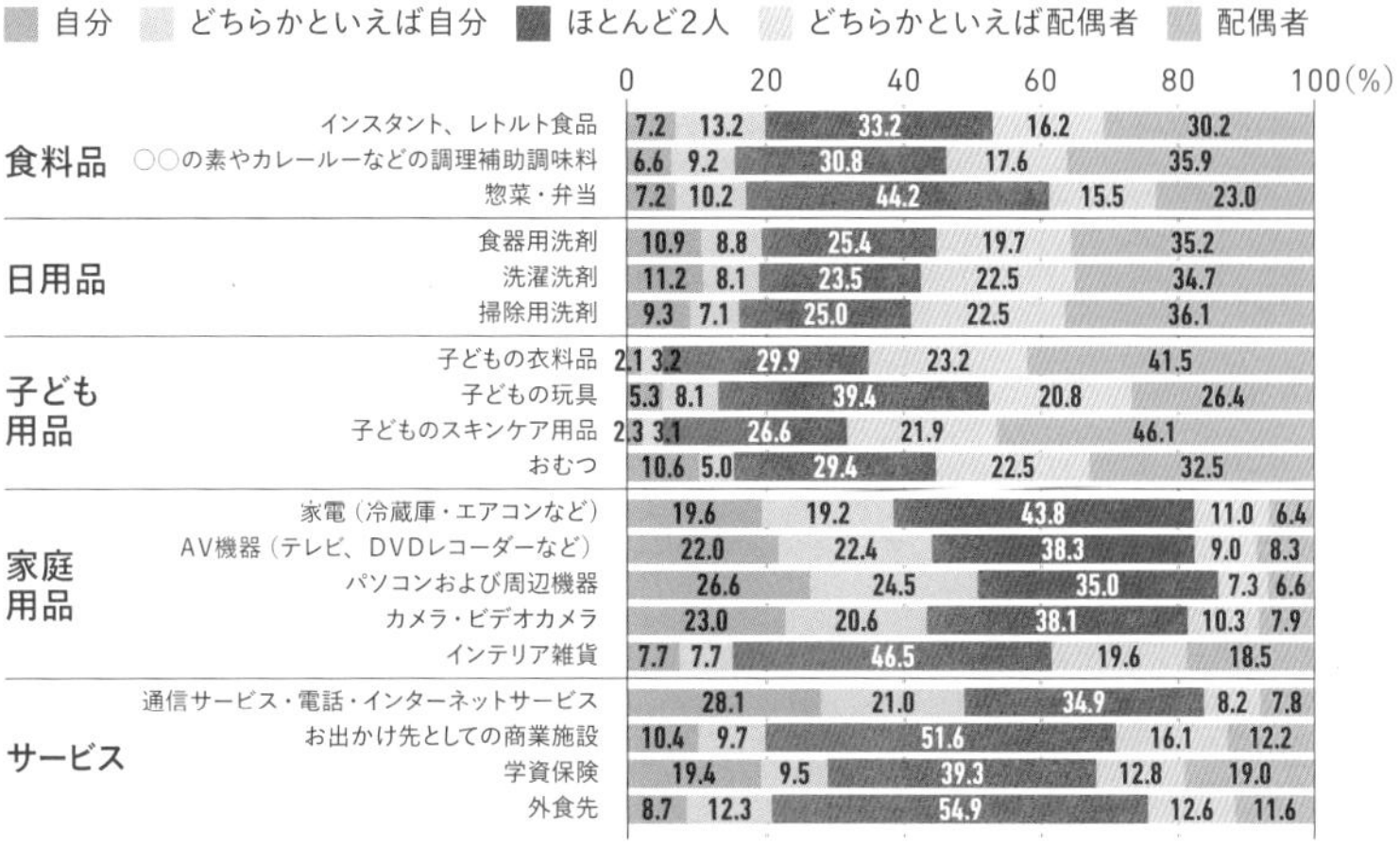
自分
どちらかといえば自分
ほとんど2人
どちらかといえば配偶者
配偶者
0 20 40 60 80 100(%)
食料品
インスタント、レトルト食品 7.2 13.2 33.2 16.2 30.2
○○の素やカレールーなどの調理補助調味料 6.6 9.2 30.8 17.6 35.9
惣菜・弁当 7.2 10.2 44.2 15.5 23.0
日用品
食器用洗剤 10.9 8.8 25.4 19.7 35.2
洗濯洗剤 11.2 8.1 23.5 22.5 34.7
掃除用洗剤 9.3 7.1 25.0 22.5 36.1
子ども用品
子どもの衣料品 2.1 3.2 29.9 23.2 41.5
子どもの玩具 5.3 8.1 39.4 20.8 26.4
子どものスキンケア用品 2.3 3.1 26.6 21.9 46.1
おむつ 10.6 5.0 29.4 22.5 32.5
家庭用品
家電（冷蔵庫・エアコンなど） 19.6 19.2 43.8 11.0 6.4
AV機器（テレビ、DVDレコーダーなど） 22.0 22.4 38.3 9.0 8.3
パソコンおよび周辺機器 26.6 24.5 35.0 7.3 6.6
カメラ・ビデオカメラ 23.0 20.6 38.1 10.3 7.9
インテリア雑貨 7.7 7.7 46.5 19.6 18.5
サービス
通信サービス・電話・インターネットサービス 28.1 21.0 34.9 8.2 7.8
お出かけ先としての商業施設 10.4 9.7 51.6 16.1 12.2
学資保険 19.4 9.5 39.3 12.8 19.0
外食先 8.7 12.3 54.9 12.6 11.6

妻専業主婦パパ

※各商品、家庭で購入している人ベース

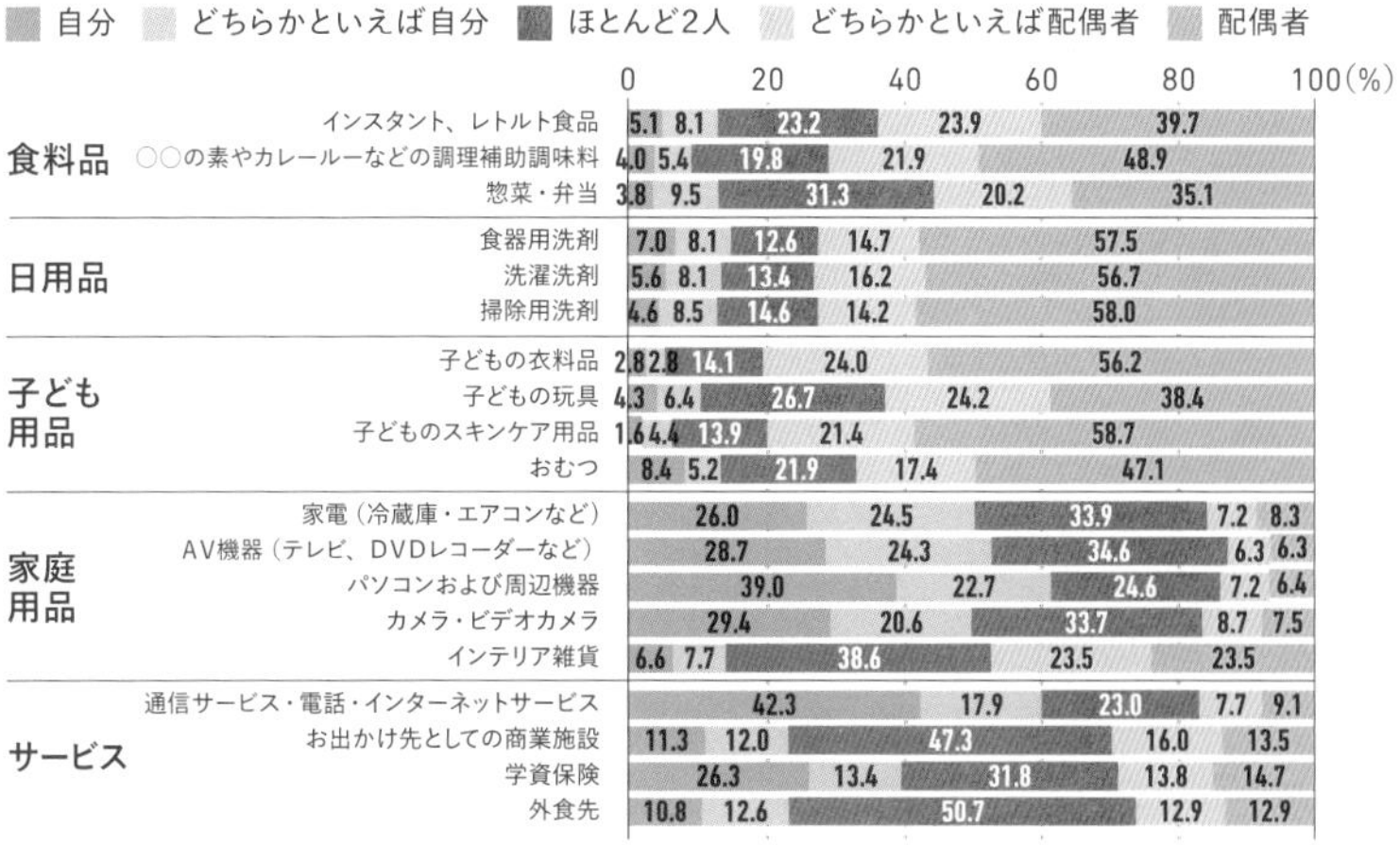
自分
どちらかといえば自分
ほとんど2人
どちらかといえば配偶者
配偶者
0 20 40 60 80 100(%)
食料品
インスタント、レトルト食品 5.1 8.1 23.2 23.9 39.7
○○の素やカレールーなどの調理補助調味料 4.0 5.4 19.8 21.9 48.9
惣菜・弁当 3.8 9.5 31.3 20.2 35.1
日用品
食器用洗剤 7.0 8.1 12.6 14.7 57.5
洗濯洗剤 5.6 8.1 13.4 16.2 56.7
掃除用洗剤 4.6 8.5 14.6 14.2 58.0
子ども用品
子どもの衣料品 2.8 2.8 14.1 24.0 56.2
子どもの玩具 4.3 6.4 26.7 24.2 38.4
子どものスキンケア用品 1.6 4.4 13.9 21.4 58.7
おむつ 8.4 5.2 21.9 17.4 47.1
家庭用品
家電（冷蔵庫・エアコンなど） 26.0 24.5 33.9 7.2 8.3
AV機器（テレビ、DVDレコーダーなど） 28.7 24.3 34.6 6.3 6.3
パソコンおよび周辺機器 39.0 22.7 24.6 7.2 6.4
カメラ・ビデオカメラ 29.4 20.6 33.7 8.7 7.5
インテリア雑貨 6.6 7.7 38.6 23.5 23.5
サービス
通信サービス・電話・インターネットサービス 42.3 17.9 23.0 7.7 9.1
お出かけ先としての商業施設 11.3 12.0 47.3 16.0 13.5
学資保険 26.3 13.4 31.8 13.8 14.7
外食先 10.8 12.6 50.7 12.9 12.9

「子育て家族に関する調査」（2021年度）より

家電やインテリアは家事のしやすさにも結びつくので、共同で家事を行う共働き夫婦にとって、相談しながら購入する商品となっていることがうかがえます。

夫が炊事に関与すれば、食品のブランド決定率も上がる

「インスタント、レトルト食品」「○○の素やカレールーなどの調理補助調味料」などの食品に関しては、共働きパパであってもまだ「妻が決める」割合も高いものの、妻が専業主婦のパパに比べると「二人で」決定する割合が高い傾向にあります。夫が食事関連の家事に関わるようになると、さらに割合は伸びてくるものと考えられます。

また、「AV機器」「ビデオカメラ」「通信サービス（電話・インターネット）」「学資保険」など、これまで男性主導で決めていると思われていたカテゴリーについても、共働きパパでは「二人で決める」「ママが決める」割合が高くなっていることがわかります。

洗剤などの日用品や、衣料品、スキンケア用品、おむつなどの子ども用品については、まだ妻主導で決めることが多いようです。ただし、「子どもの玩具」については、「二人で」の割合が共働きパパで約4割となっており、情報シェアがなされているカテゴリーと言えます。

「家族のことは夫婦二人で」が訴求のポイント

とはいえ、最終的には二人で相談して決めたとしても、情報を仕入れたり整理したりする作業は妻が担っている可能性もあります。

共働きママがあえて「考えない戦略」を取っているのは、日頃考えなければならないことが多く、脳内がパツパツだからだという話をしてきました。共働きママの情報シェアの高さからは、「夫にもっと主体的に考えてほしい」という意識も透けて見えます。

母親だけが家事育児をする様子を描く広告・コミュニケーションがしばしば嫌がられるのは、たとえそれが現実であっても、それを良しとしてほしくない、当たり前の姿として発信されたくないためだと考えられます。「家族のことは夫婦二人で決める」を前提とするコミュニケーションは、イマドキの共働きママに支持されるのではないでしょうか。

若年層夫婦ほど「アプリで情報共有」

ところで、夫婦間の情報共有はどのような形でされているのでしょうか。

共働きママに日常生活（仕事以外）で利用しているツールを聞いたところ、「写真クラウド共有サービス、アプリ」「ドキュメント共有サービス、アプリ」「スケジュール共有サービス、アプリ」等、パソコンやスマートフォンを活用したサービスやアプリの利用率が専業主婦ママに比べて高い割合となりました（「イマドキ家族の子供への意識実態調査」、２０２０年度。以下、子供意識調査）（図33）。

共働き世帯では父親が子どもの園や学校行事、習い事の送迎などに関わることが多く、こうしたツールを活用して効率的に情報共有をしていると推察されます。

しかし、活用されているといってもまだ回答者全体の2~3割程度なので、イマドキファミリーをターゲットとして今後伸ばしていける領域ではないかと考えられます。

なお、共働きママの回答をママ本人の年齢でブレイクダウンしたところ、「25~39歳」では「40~49歳」に比べて、よりこれらのツールの利用が高い傾向が見られました。

これからの「イマドキファミリー」でこうしたサービスやアプリの利用率がさらに上がっていくと言えそうです。

図33 **普段の生活**（仕事以外）**で利用しているデバイス・サービス**

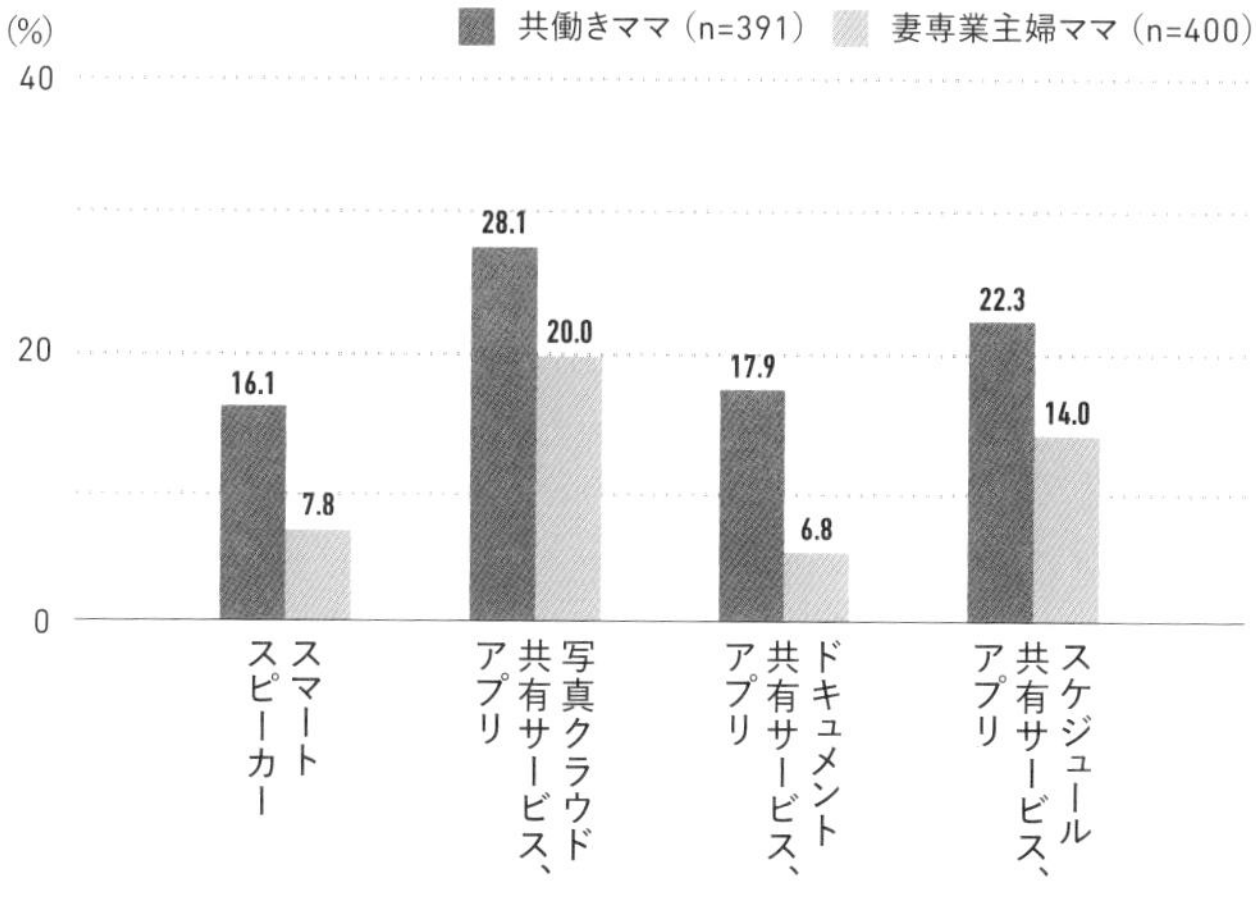

「イマドキ家族の子供への意識実態調査」(2020年度）より

スムーズな情報共有のための「シェアしやすいネーミング」が重要

スムーズに夫にタスクを手渡したい共働きママにとって、夫への「シェアのしやすさ」も重要です。

例えば家電の商品名は「メーカー名＋型番」という昔ながらのやり方よりも、口にしやすいブランド名称があったほうがシェアしやすく、探しやすいかもしれません。例えば炊飯器では、『炎舞炊き』『おどり炊き』など各社が特徴あるネーミングで発売するようになっています。

イマドキファミリーは日用品の買い物行動をシェアすることも多いので、夫婦どちらかが見つけた商品を、情報検索し

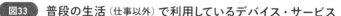

覚えやすいフレーズやネーミングで情報をシェアしやすく

た人と別の人が買ってくるパターンもあります。

LINEやメールで相手に依頼をするとき、商品ページを検索してリンクをコピーして送ることもできますが、それほど手間をかけたくない場合もあります。そのため、「CMで○○と言っていた」と想起しやすいワンフレーズのメッセージや覚えやすいネーミングの開発、アイコンとなるタレントやキャラクターの活用などが、ますます重要になってくると考えられます。

COLUMN

共働きママのインサイトをもとに誕生した「万能液状みそ調味料」

共働きママにとって「考えなくて済む」「〇〇不要」「鉄板」といった要素を盛り込んだ商品は力強い味方になる可能性があると第3章で紹介しました。

しかし、実際にどのような商品を提供するべきか、迷うこともあるかもしれません。そこでこのコラムでは、イマドキファミリー研究所が実際に携わった商品を例に、その開発の経緯について詳しく触れます。

豆乳やみそなどを使った食品を手がけるマルサンアイが2020年3月に発売した万能液状みそ調味料「みそまかせ」（現在は終売）は、同社が展開する液状みそのシリーズ「鮮度みそ」の一つとして、当研究所との共同プロジェクトで開発した商品です。

料理専用の液状みそ調味料で、これ1本だけで、「サバのみそ煮」といったみそを使用したメニューの味が決まるように、みそにみりんやだしなどを配合することで「甘味」「塩味」「だし感」のバランスを取りました。「これ一本だけで味が決まる」という商品の特徴は、「考えなくて済む」「ほかの調味料が不要」「鉄板の味付け」の3つの要素を網羅しています。

商品開発にあたって、共働きママのインサイトをもとにアイデアを提案したところ、マルサンアイの商品企画担当者からも好感触でした。担当者も家庭で液状みそ商品を使用する機会が多く、「自分自身も共働きママとして、このような商品を開発したいと考えていた」そうで、すぐに開発

マルサンアイとイマドキファミリー研究所が共同で開発した「みそまかせ」。

図34　母親が調味料に求めることランキング

1位	味付けが簡単に決まる
2位	料理の手間を短縮できる
3位	レパートリーが増える
4位	料理の時間を短縮できる
5位	塩分控えめ

「母親層への定量調査」より

に向けて動き出しました。

ブレストを重ねる中で、共働きママは「みそ料理をつくりたい」わけではなく「料理のレパートリーを増やしたい」のが本音ではないかという仮説にたどり着きました。そこで、「これ一本だけで味が決まる」という特徴をベースに据えたまま、「しょうゆやめんつゆをこの調味料に置き換えることで、簡単にレパートリーが増やせるという『価値』を提供するのはどうか」と提案しました。

仮説をもとに、さらなるインサイトを発掘するために、30〜40代の子育て中の共働きママを対象に定性調査を実施した際にも、意外にもこれを使ってつくってみたいメニューはいつものしょうゆベースではなく、みそをベースにした味付けの「肉じゃが」だったということが印象的でした。

調査によって浮かび上がってきた声に加えて、企画担

図35 「みそまかせ」の商品開発で行った開発支援

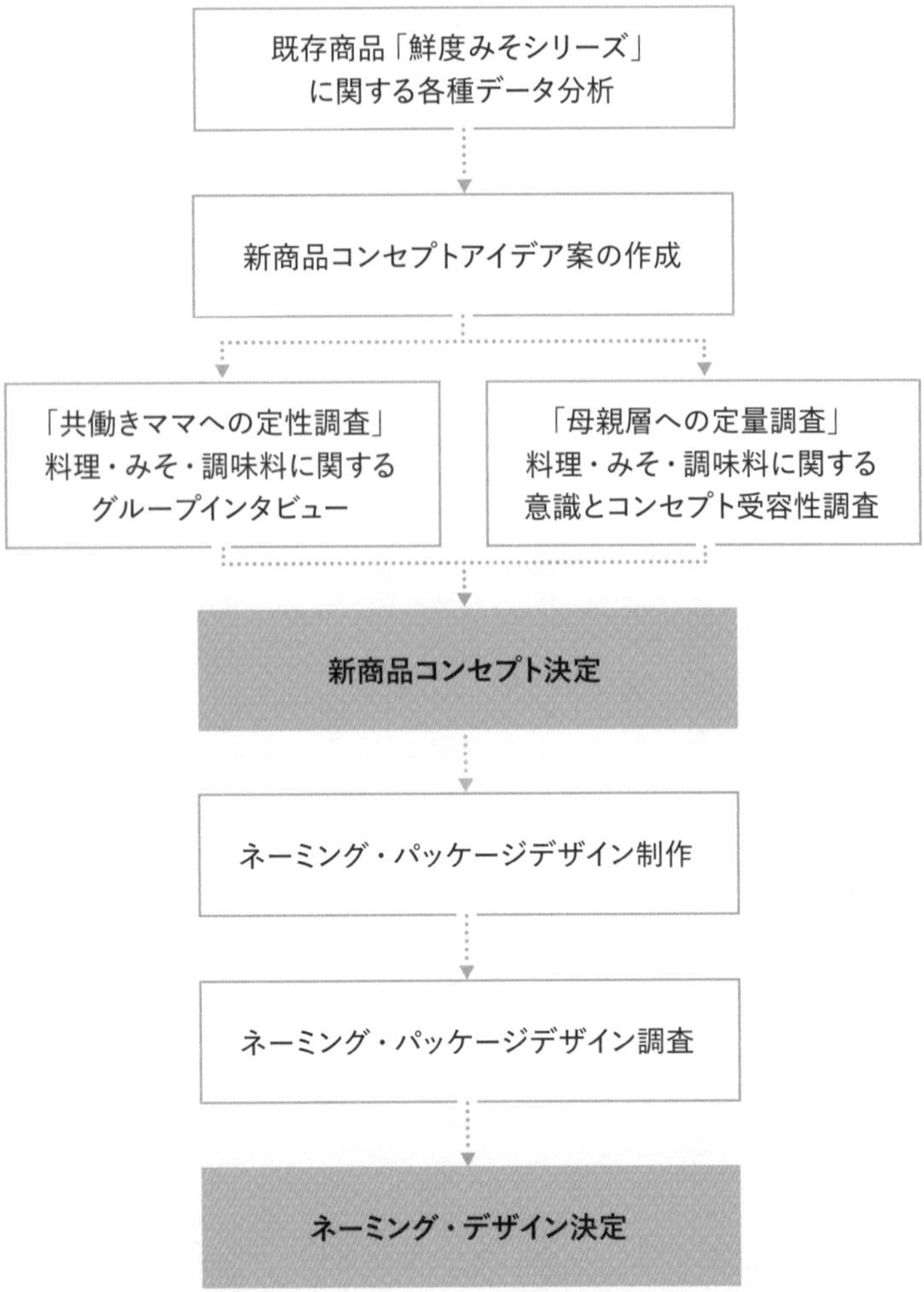

当者が共働きママの当事者であることを強く意識していたことによって、商品コンセプトのイメージがより明確になり、商品として具現化されていったように感じます。

発売時には「煮物、焼き物、炒め物から漬け焼き、和え物や浅漬けなど、あらゆる料理に使える」「みそを溶く手間がなく、一本で味が決まるので時短にもなる」というメッセージでこれまでになかった便利さとおいしさを伝えるコミュニケーションを図りました。

「みそまかせ」の商品開発にあたって、当研究所が提供した開発支援は図35の通りです。

イマドキファミリー研究所のメンバーはコミュニケーションの戦略プランナーであり、共働きで子育て中の母親でもあることから、双方の視点で商品開発のお手伝いを行っていることが特徴です。

本書で紹介しているデータをはじめ、蓄積された知見を生かしながら、市場、競合、ターゲット等、商品を取り巻く環境の分析はもちろんのこと、総合広告会社として新商品のアイデア出しからコンセプト開発、広告・コミュニケーションの設計まで、一気通貫してサービスをご提供しています。

第4章

「イベント」「おでかけ」「習い事」に見る、子ども消費の糸口

母親たちの「イベント好き」には理由があった

膨らむ子育て費用。それでもお金をかけたいこと

子育てには何かとお金がかかります。「インターネットによる子育て費用に関する調査」（内閣府、２００９年）によると、０歳〜中学卒業までにかかる子育て費用は約１９００万円でした。

さらに高校・大学に進学した場合、０〜22歳までの子育て費用は一人あたり３０００万円にのぼるとも言われています。また、２０２１年後半から続く記録的な物価高騰も、子育て世代に大きな影響を与えています。

そのような状況において、２０２２年のお金調査で「お金をかけたいと思うこと・もの」

を聴取したところ、「家族の日々の暮らしが充実するもの」「子どもが成長できそうなもの」「子どもが喜ぶもの・好きなもの」「家族みんなで遊んだり楽しめるもの」が上位を占めました。

家計が厳しい中でも、家族の生活が充実したり楽しみを共有できたりすること、子どものためになるものに対しては出費を惜しまない様子が見て取れます。

この章では、イマドキファミリーが具体的にどんなものに消費行動を起こしているのか、その背景にはどんな意識が隠れているのかを紹介していきます。

時間がなくても「歳時は大事にしたい」

「子供意識調査（2020年度）」で、子どもに身に付けてほしいことを聴取したところ、「基本的な生活習慣」「自分の意見をきちんと主張する」「友達に優しくする」等、社会生活を送る上で必要なスキルが上位を占める結果となりました。

そんな中、専業主婦ママに比べて共働きママで高い結果（「とても必要」と「まあ必要」の合計＝96・9％）となった項目が「日本の四季や歳時を知る」でした。

生活環境や子育て環境が変化していく中でも、母親は子どもに対して四季や歳時を感じ、

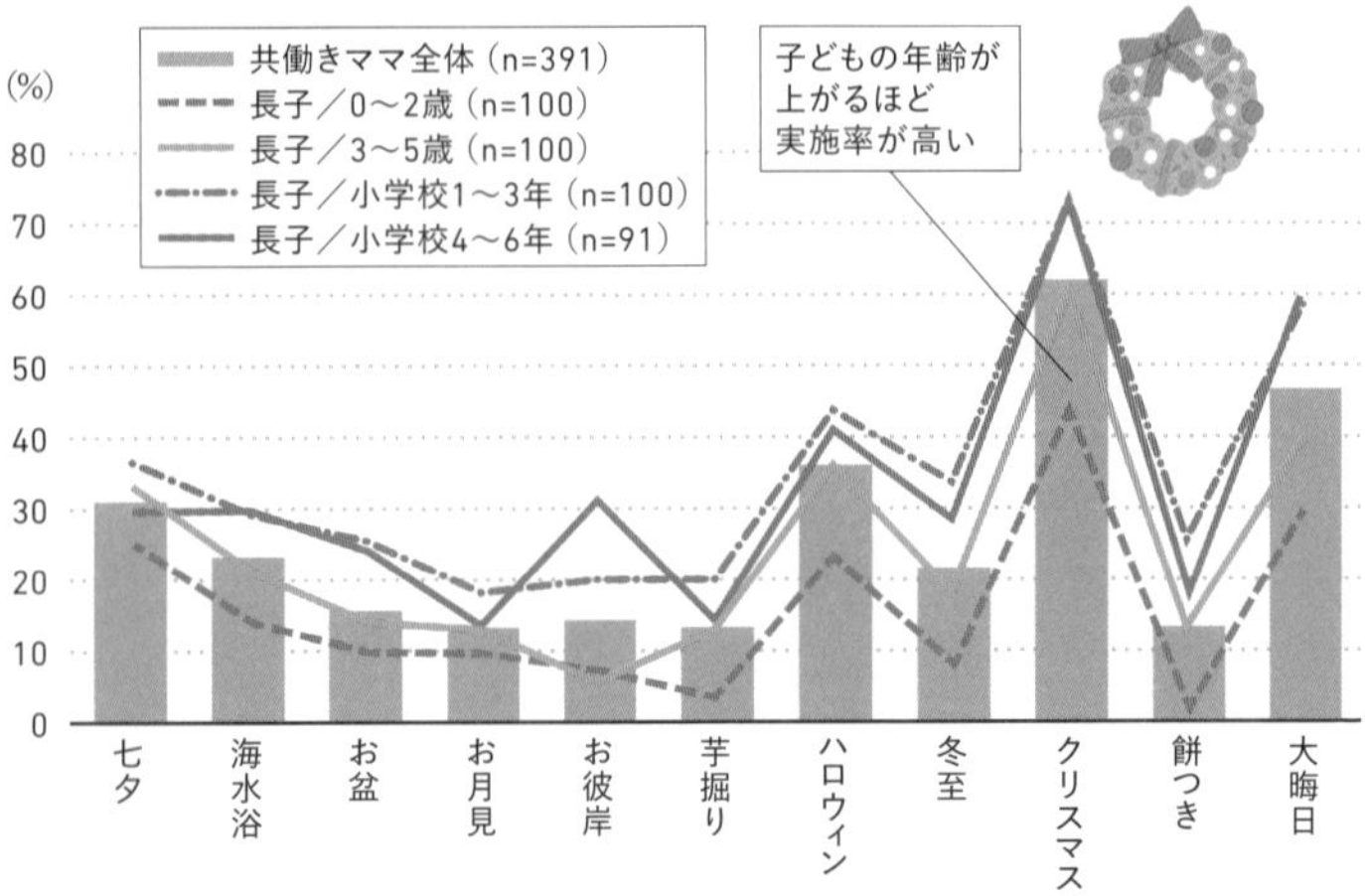

「イマドキ家族の子供への意識実態調査」（2020年度）より

楽しみ、大切にできる子に育ってほしいと望んでいることがわかります。

この「四季・歳時を大切にしたい」という意識は、実際に母親の行動にも表れています。2018年の夕食実態調査で、共働きママの63・6%が、「歳時の行事に合わせた食事を用意している」と回答しています。この数字は専業主婦ママとほぼ変わりません。

前述の通り、共働きママは時間的余裕があまりないのですが、専業主婦ママと同様に「行事食」を通して、子どもが四季や歳時を感じ、身に付けていけるよう意識していることがうかがえます。

図36　共働き子育て家族　年間行事の実施率

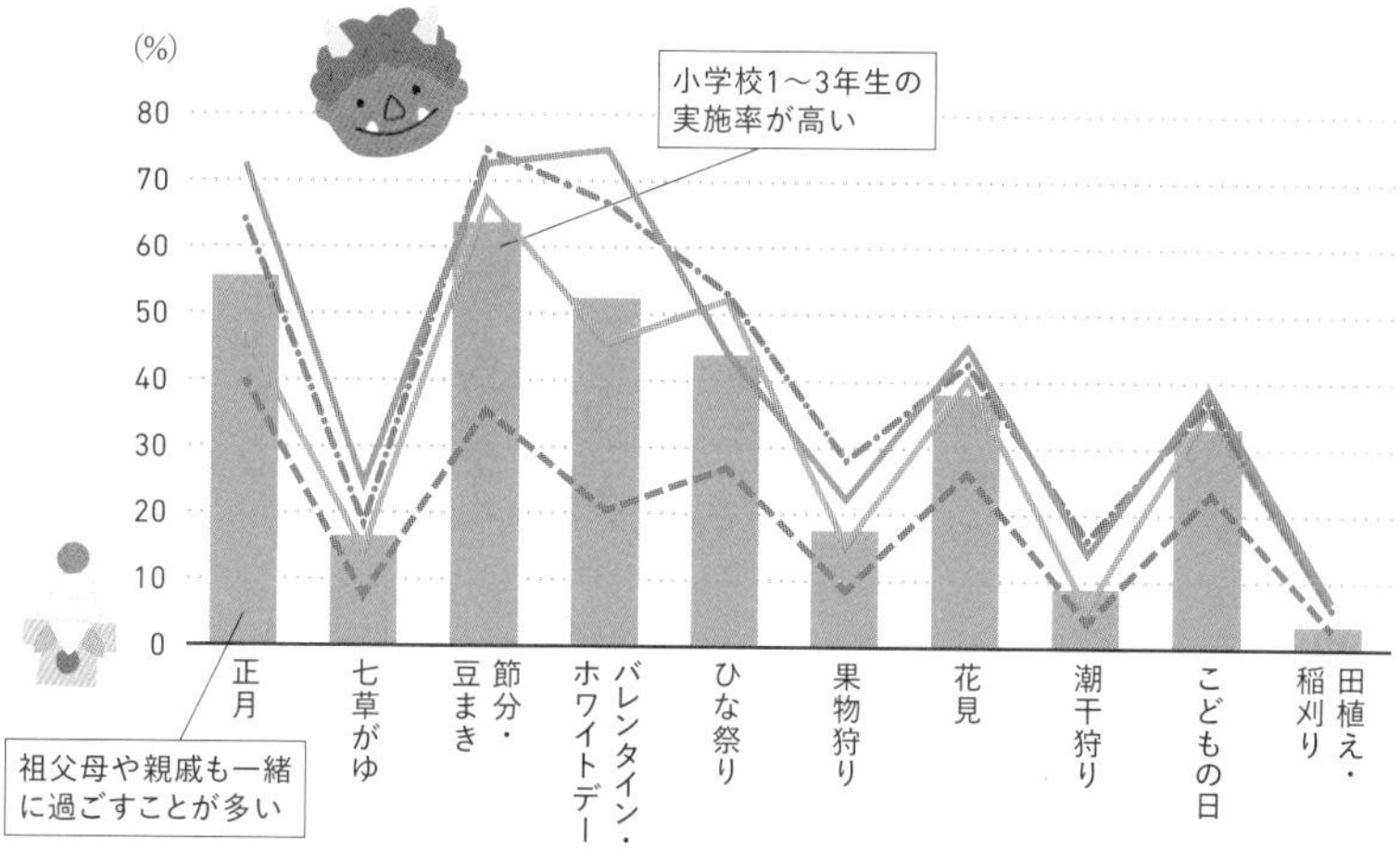

節分、クリスマス、正月は子の成長とともに楽しみが広がる行事

では、子育て家族が大事にしている歳時・イベントとは、具体的にどんなものなのでしょうか。

図36は、共働きママの行事の実施率を長子の年齢別に示したものです。棒グラフは共働きママ全体の実施率、折れ線グラフは長子の年齢「0〜2歳（乳児）」「3〜5歳（未就学児）」「小学校1〜3年生（低学年）」「小学校4〜6年生（高学年）」別に、それぞれ実施率を表しました。

これによると、年間で家族イベントとして実施率が高いのは「節分・豆まき」「クリスマス」「正月」となりました。

1位の「節分・豆まき」は、子の年齢別に見ると、3歳児以上で実施が高まる傾向にあります。保育園や幼稚園で節分の豆まきがイベントとして実施される機会が増えたので、子どもが身近に感じるようになったこと、さらに昨今の恵方巻の人気がこの実施率の高さにつながっているものと想像できます。

2位の「クリスマス」は、特に子の年齢が上がるほど実施率が高い傾向にあります。大半は同居の家族だけでイベントをしており、クリスマスプレゼント、クリスマスツリーや部屋の飾りつけ、クリスマスケーキや食事など、子どもの成長に準じて親子で楽しめるコンテンツが増えるのかもしれません。

子の年齢が上がるほど実施率の高まる歳時・イベントが多い中、そうでもないものもいくつかあります。

例えば「ひな祭り」「七夕」は「小学校1~3年生」が実施率のピークとなります。

これらは、いずれも日付が指定であるものの祝日ではないため、平日となると仕事の都合をつけにくかったり、習い事などで時間を確保しづらくなったりすることが要因かもしれません。

歳時が「メニュー決めの負担」を軽減する？

現代の多忙な共働き家庭において、歳時・イベントに対するモチベーションが維持されているのはなぜでしょうか。

第3章で紹介した通り、共働きママは時短・効率化を図るためにあえて「考えない戦略」を取っています。歳時・イベントに関してもここにヒントがあります。

家族で歳時・イベントを楽しむには中心に「食事」が介在しますが、むしろ、歳時の食卓づくりは共働きママにとって「考えない戦略」を取りやすい機会なのです。

例えば節分は「恵方巻」、ひな祭りは「ちらし寿司」、クリスマスは「ローストチキンとケーキ」と定番料理が決まっており、メニューを考える手間がないのです。食事のメニュー決めは、母親にとって非常に負担感の高いタスクの一つ。このメニューを考えるというタスクが、歳時・イベントがあることで一つ軽減されることになります。

「こどもの日の定番メニュー」に市場開拓のチャンスあり

もう少し詳しく、子供意識調査（2020年度）から、実際のイベントごとの調理・準備について掘り下げてみましょう。例えば、正月と言えばおせち料理ですが、手づくりよりも市販品を購入する人が多く、40・6％となっています。

ひな祭りのちらし寿司も「ちらし寿司の素」を使用して調理している人が33・3％にのぼり、市販品や簡便食材をうまく利用している様子がうかがえます。

クリスマスは、ケーキは市販品を用意する人が6割を超えますが、クリスマス料理に関しては市販品購入と手づくりがほぼ同じ割合となりました。「チキンは購入するけど、サラダやスープはつくる」といったように、メニューごとに使い分けているのかもしれません。

ここで注目したいのが、「こどもの日」の料理です。一般的には柏餅やちまきを食べることが多いかと思いますが、料理（食事）となるとこれといったものが浮かばない人が多いのではないでしょうか。実際にデータ上でも、その他のイベントとは異なり、こどもの日の料理は手づくりの割合が市販品購入を大きく上回ります。

「こどもの日といえばこれ！」というメニューがないぶん、市販品に頼らずに子どもの好きなものやお祝い向きの料理を各家庭でそれぞれ考え、調理している姿が想像できます。

もし、「こどもの日には○○を食べよう」という習慣をつくり出すことができれば、新たにビジネス市場を開拓することができるかもしれません。

イベントごとは祖父母と一緒に祝いたい

歳時・イベントごとについて、もう一つ、共働き家庭における特徴があります。

次ページの図37は、「ひな祭り」「卒入園／学」「こどもの日」「七五三」において、一緒に住んでいない祖父母と祝う・イベントをする割合を、共働きママと専業主婦ママで比較したものです。いずれも、共働きママで祖父母と一緒に祝う割合がやや高いことがわかります。

特に5ポイント以上の差がある「卒入園／学」において、詳しく見ていきましょう。

「手づくりのお祝いの料理を用意する」は共働きママが専業主婦ママより10ポイント以上高い結果となっており、「この日のための洋服や着物を子ども用に用意する」「市販のケー

図37 一緒に住んでいない祖父母とイベントや祝いごとを共にする割合

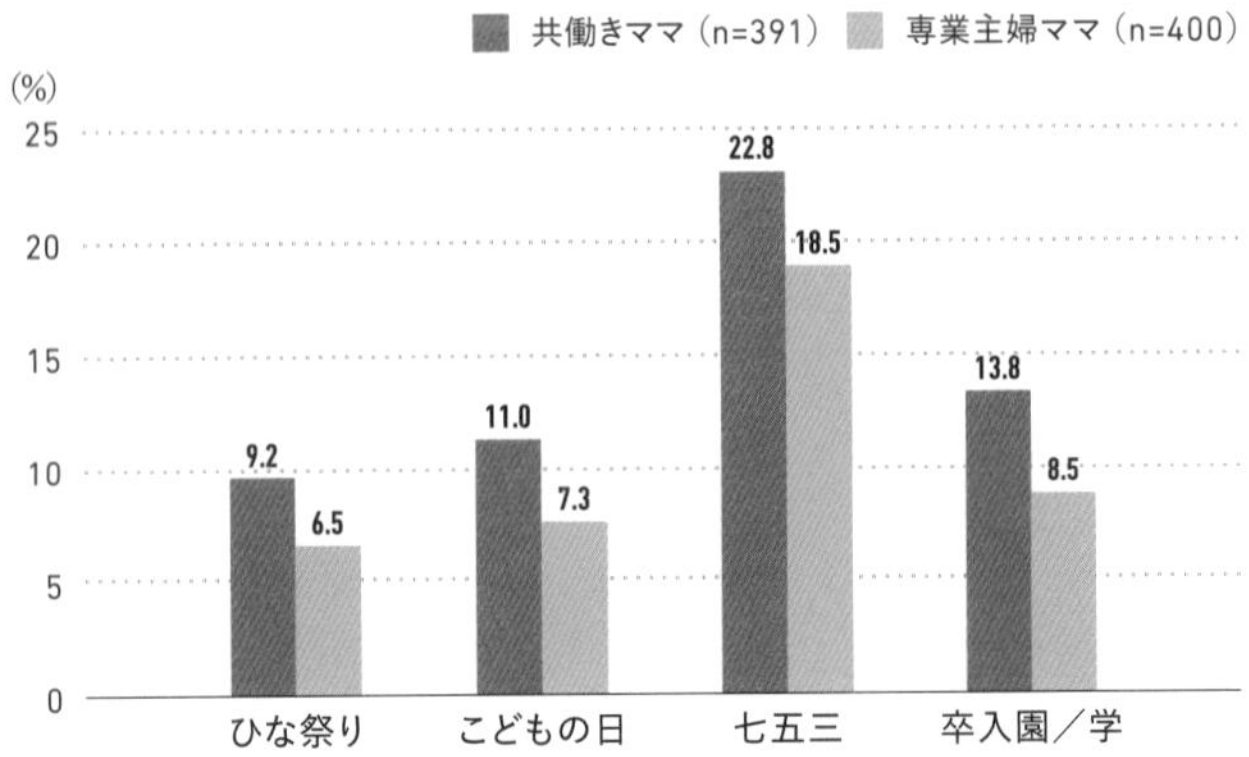

「イマドキ家族の子供への意識実態調査」（2020年度）より

キを用意する」「手づくりのケーキを用意する」も、共働きママのほうが5ポイント以上高い結果となりました。

数ある歳時・イベントの中でも、子どもの人生の節目である「卒入園／学」を共働きママが重要視し、同居の家族だけでなく、祖父母も含めて一緒にお祝いしていることがわかります。

また、休日の過ごし方における意識でも「休日は三世代で過ごす時間を取りたい」と回答した共働きママは49％で専業主婦ママよりも10ポイント高い結果でした（「子育て家族調査」、2021年度）。

卒入園（学）は祖父母を招いての一大イベント

イベントに参加する祖父母は「日ごろから育児に協力的」

共働き家族において、歳時・イベントへの祖父母の関わりが高い背景には、普段から育児のサポートを祖父母にお願いしているという関係性があると考えられます。

実際、「実父母が30分未満で会いに行ける距離に住んでいる」という共働きママは31・2％で、専業主婦ママの24・6％よりやや高い結果が出ています（「子供意識調査」、2020年度）。

祖父母との関係が密な分、一緒に子どもの成長を祝いたい意識が強くなるのかもしれません。また、祖父母と接する頻度が高いからこそ、祖父母も孫との接し方を熟知していると言えます。

イベントごとを祖父母と一緒に過ごすことは、大人の目がたくさんある安心感に加えて、親の負担を軽減できるという点も利点と言えるでしょう。


このように、共働き世帯においては、祖父母の存在が生活や子育てに大きく影響してきます。すでに、こいのぼりやひな人形、ランドセルなど、祖父母をターゲットとした販売戦略を取っている商品もありますが、今回紹介した「卒入園／学」や「ひな祭り」「こどもの日」「七五三」といった子どものお祝いごとは、祖父母消費の大きなチャンスとなり得ます。

特に「卒入園／学」は祖父母も招いての一大イベントとなりつつあるため、需要をもっと掘り起こし、新たな消費機会の創出につなげられる可能性もあるのではないでしょうか。

休日のおでかけは「子のため」だけにあらず

共働きママは「映画」「アウトドア」「美術館」に子を連れていく

日々忙しい中でも、子どもとの時間を大切にしている共働き家族は、休日をどのように過ごしているのでしょうか。

「共働き家族のお出かけ調査」（２０１９年度）で聞いた、「直近1年間の、子どもとの日帰り外出率」（図38）では、共働きママは「動物園・水族館」「テーマパーク」など、いずれの外出先についても、外出率や、年間の平均外出回数が専業主婦ママを上回っていました。特に「映画・ショー・観劇」「アウトドア」「美術館・博物館」において、共働きママは専業主婦ママよりも10ポイント以上高い結果となりました。

図38 直近1年間の、子どもとの日帰り外出率（年1回以上）

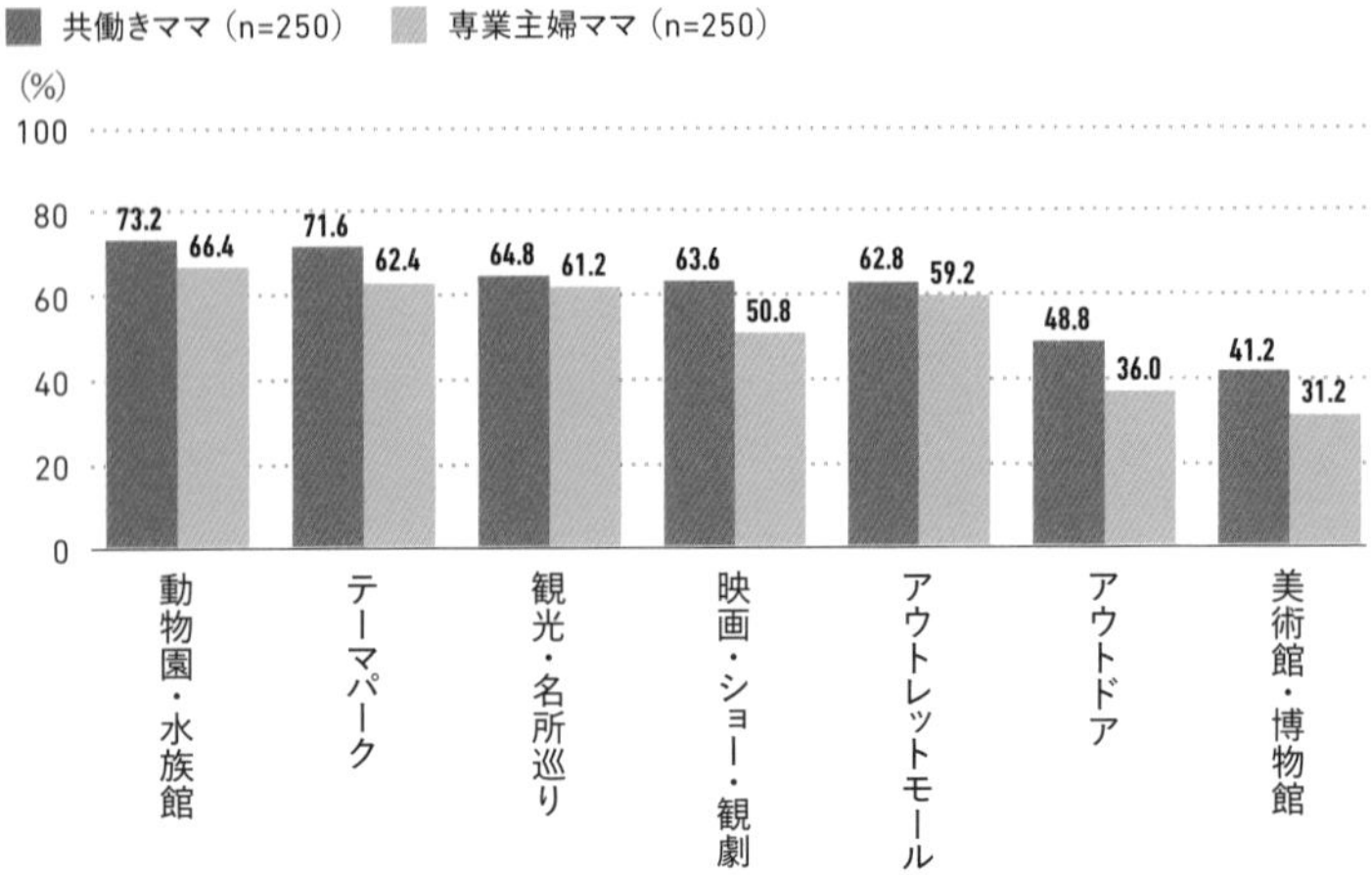

「共働き家族のお出かけ調査」（2019年度）より

予算がかかる中学生以降も「コミュニケーションを取るために外出したい」

子の年齢別で見ると、専業主婦ママは子の年齢が上がって中学生になると、一緒に外出する割合が低下する傾向が見られました（図39）。

一方で、共働きママは「動物園・水族館」や、「美術館・博物館」では中学生との外出率が減少するものの、「観光・名所巡り」や「テーマパーク」は中学生においても変わらずに親子で外出しています。

また、その外出率や年間の外出回数は専業主婦ママを上回っており、共働きママは子どもが大きくなってからも親子で

図39 直近1年間の、長子中学生との日帰り外出率（年1回以上）

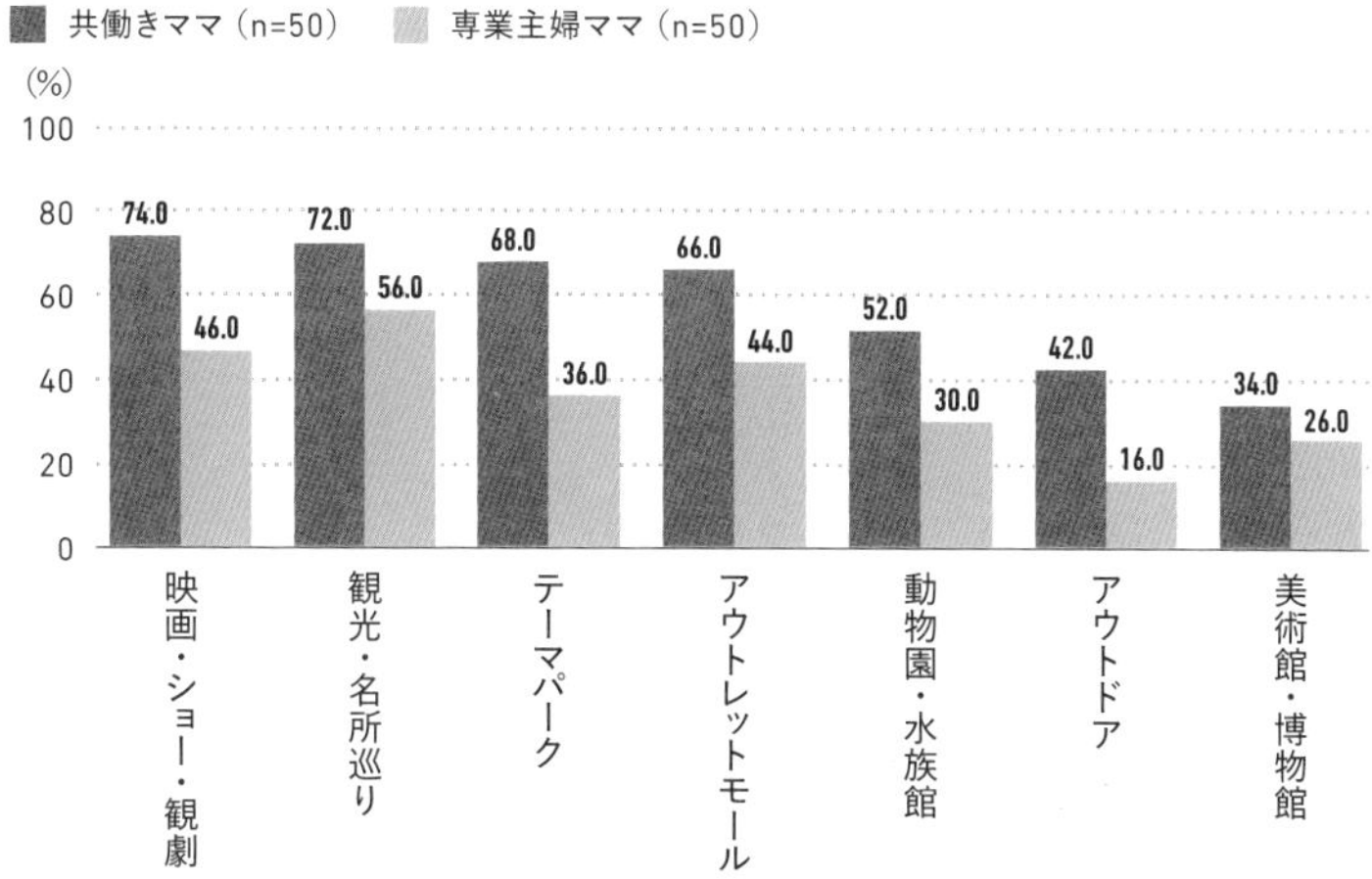

「共働き家族のお出かけ調査」(2019年度) より

の外出を続けていることが明らかになっています。

中学生になると交通費・宿泊費いずれも大人と同じ料金になるため、予算がかかることも、この違いの一因かもしれません。

また、平日は働いている分、週末はリフレッシュしたい意識が高いことや、子どもとコミュニケーションを取りたいという願望から、共働きママは子どもが大きくなっても親子での外出率が高いと考えられます。

小さい子どもと一緒に過ごすための旅行商品やサービスは多くありますが、今後は中学生以上の子とのプラン提案も求められてくるのかもしれません。

約6割の共働きパパが「妻不在でも子とおでかけ」に抵抗なし

子どもとの外出において、「両親と子（長子）」がそろって月に1回以上外出する割合は、共働きママの回答が68・4％、専業主婦ママが75・6％と、専業主婦ママのほうが高い結果となっています。

一方で、父親が不在で「母と子」で月に1回以上外出する割合は、共働きママが72・8％、専業主婦ママが67・2％と逆転します。

共働き家庭は、夫婦で仕事の休みが合わない事情が影響している可能性も考えられますが、共働きママは家族がそろわなくても子どもとの外出の機会を逃したくない意識が強いのかもしれません。

さらに、父親についても同様に、母親不在で「父と子」での月に1回以上の外出率を比べてみます。共働きパパの「父と子」での外出率は57・6％で、妻が専業主婦のパパに比べて、10ポイント以上高いことがわかりました。

これまで紹介した通り、共働きパパは普段から育児に関与する機会が多いため、妻不在

伝会議の雑誌

宣伝会議』
日発売　A4変型判
1,500円（税込）

月刊『ブレーン』
毎月1日発売　A4変型判
定価：1,500円（税込）

月刊『販促会議』
毎月1日発売　A4変型判
定価：1,500円（税込）

月刊「広報会議」
毎月1日発売　A4変型判
定価：1,500円（税込）

全文
事検索できる

バックナンバー
11年分読み放題

宣伝会議デジタルマガジン

宣伝会議の月刊誌がPCやスマホでいつでもどこでも読める！

mag.sendenkaigi.com

こが便利！ デジタル版3つのポイント

1 **全文記事検索できる**
企業名や人名、事例、キーワードからアクセス

2 **バックナンバー読み放題**
2012年5月以降の発売号から最新号まで、累計200冊以上を網羅

3 **オトクなセットプランもあり**
デジタル版のみ契約できる、法人向けメニューあり（5アカウント～）

広告会の情報ポータル
AdverTimes.《アドタイ》
www.advertimes.com

アドタイ

広告・メディア界を取り巻くニュースや
オピニオン、コラムを掲載した
情報ポータル。閲覧無料。
（Xアカウント @advertimes）

宣伝会議の教育講座

市場が変わる今こそ、マーケティングの洞察力と、
クリエイティブの伝える力が成果につながります。

コピーライター養成講座

言葉を使ったコミュニケーションの技術を学ぶ

広告会社が社内研修でも導入している
コピーライティングの「本物のノウハウ」を
学ぶことができます。

コピーライターを目指す方だけでなく、人を動かす言葉の考え方と伝え方を学びたいすべての人に、ご活用いただける講座です。

編集・ライター養成講座

「人の心を動かすコンテンツ制作のプロ」になる

本講座は、編集者・ライターに必要な
「企画力」「取材力」「文章力」を現場で活躍する
一流講師から学びます。

読者が読みたくなるコンテンツを提供し続けられる書き手になることを目指します。

ブレーンクリエイティブライブラリー

事業を成長に導くトップクリエイターの思考法を学ぶ

BRAIN
CREATIVE
LIBRARY

佐藤可士和氏、尾形真理子氏、水野学氏など
総勢60名を超えるトップクリエイターが登壇。
成果を上げ続ける、普遍的な問題解決の技術を
学びます。

成功事例をもとに研ぎ澄ませた発想法、思考法を明かすオンデマンド講座です。

年間約10万人が受講！
実務につながる知見や技術をいつでも学べる
宣伝会議のオンライン講座一覧はこちら！

世界の広告クリエイティブを読み解く

ある国では「いい!」と思われた広告が、なぜ、別の国では嫌われるのか? そこにはどんな価値観のメカニズムがあるのか? ホフステードの異文化理解メソッド「6次元モデル」を用いて、世界20を超える国と地域から、世界の広告やプロダクト、SNSを使った社会運動まで60事例を分析する。

山本真郷・渡邉寧 著
定価:2,420円（税込） ISBN978-4-88335-575-4

編集者の返信術

書き手の想いを最初に受け取り、作品の完成を目指す編集者。不安と戦いながら創作活動に勤しむ書き手にとって、作品が完成するまでの編集者とのコミュニケーションは、時に心の支えとなる。本書は、8人のプロフェッショナル編集者の、「返信」の極意をまとめた一冊。

宣伝会議編集部 編
定価:1,980円（税込） ISBN978-4-88335-578-5

なまえデザイン
そのネーミングでビジネスが動き出す

価値を一言で伝える。大ヒット商品「まるでこたつソックス」をはじめ、数々の商品・サービス・施設名を手がける人気コピーライターが「ネーミングの秘訣」とその思考プロセスを初公開!

小藥元 著
定価:2,200円（税込） ISBN978-4-88335-570-9

ピープル・ファースト戦略
「商品」「企業」「従業員」三位一体ブランディング

ブランディングの観点から、理想論にとどまらない「ピープル・ファースト」経営実践の意義が分かる。人への投資を利益につなげるマーケティングの設計図を解説する。

矢野健一 著
定価:2,000円（税込） ISBN978-4-88335-572-3

なぜウチより、あの店が知られているのか?
ちいさなお店のブランド学

商品やサービスを「知られる」ためのポイントは、「お客さんが興味を持つような見せ方にして伝える」こと。本書では、そのために必要な「客観視」のやり方や、プロがSNS発信で使うさまざまな「技」を説き明かす。

嶋野裕介・尾上永晃 著
定価:1,980円（税込） ISBN978-4-88335-569-3

競合プレゼンの教科書
勝つ環境を整えるメソッド100

広告業界やコンサル、ITなどで行われている「競合プレゼン」「コンペ」に勝ち抜く100のメソッドを体系立ててまとめた一冊。競合プレゼンが始まる前から準備、当日、事後までのフェーズごとに行うべきこと、してはいけないことを詳しく解説する。

鈴木大輔 著
定価:2,420円（税込） ISBN978-4-88335-576-1

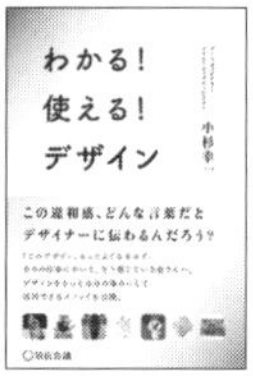

わ

アー
るかの
きちんと
考え方

小杉幸一
定価:2,20

パーパス
「何をやるか?

ブランド・コンサ
実践できる「パ
本質である「パー
解く。

齊藤三希子 著
定価:1,980円（税込）

The Art of Ma
パーセプションフロー・

マーケティング活動の全
る。本書ではマーケティン
プションフロー・モデル」の
方、検証の仕方までを詳細

音部大輔 著
定価:2,640円（税込） ISBN

「欲しい」の本質
人を動かす隠れた心理「インサイ

本人すら気付いていない欲望は
隠れた心理「インサイト」の定義、
ってビジネスで生かすのかといっ
ともに解説する。

大松孝弘・波田浩之 著
定価:1,650円（税込） ISBN978-4-88

好奇心とクリエイティビティを引き出す
伝説の授業採集

電通Bチーム、アクティブラーニングこん
を立ち上げ、自称「伝説の授業ハンター」
た、海外の有名大学でも学ぶことができな
なり、一生忘れない「伝説の授業」20選。

倉成英俊 著
定価:2,090円（税込） ISBN978-4-88335-550-

言葉ダイエット
メール、企画書、就職活動が変わる最強の文章術

なぜあなたの文章は読みづらいのか。理由は、た
「書きすぎ」です。伝えたい内容をあれもこれも詰
はなく、無駄な要素をそぎ落とす、「言葉ダイエット
ましょう。すぐマネできる「文例」も多数収録。

橋口幸生 著
定価:1,650円（税込） ISBN978-4-88335-480-1

門外不出のプロの技に学ぶ
映像と企画のひきだし

サントリー、PlayStationなど話題のCMに数多く携わってきたクリエイティブディレクター 黒須美彦が、これまでの経験で培った映像制作のテクニックや、企画の発想方法などを公開する。映像コンテンツをつくる人にとって教科書となる1冊。

黒須美彦 著
定価：2,530円（税込）　ISBN978-4-88335-573-0

世界を変えたクリエイティブ 51のアイデアと戦略

現代におけるコミュニケーションの心理を9つの要素に整理、カンヌライオンズの受賞事例とともに、その課題と解決方法のヒントを紹介する本書。51の事例の日本語字幕付き動画のQRコードを掲載、実際に映像を見ながら学ぶことができる。

dentsu CRAFTPR Laboratory 著
定価：2,530円（税込）　ISBN978-4-88335-585-3

未来の授業 SDGs×ライフキャリア探究BOOK
けんた、寿司職人になる!? 編

学校教材にも多数採用の「未来の授業」シリーズは、小学生から大人まですべての人が楽しみながらSDGsについて学べる書籍。本書は「SDGs×ライフキャリア探究」をテーマに、サステナブルな未来の社会をつくる、生き方・働き方について考える。

佐藤真久 監修／NPO法人ETIC. 編集協力
定価：1,980円（税込）　ISBN978-4-88335-587-7

成果を出す 広報企画のつくり方

月刊『広報会議』の人気連載が書籍化。認知度の向上、営業実績、企業イメージ変容、社内活性化など、目的に向かって企画を立案し広報の成果を社内に示したい人のための1冊。広報担当者から悩みを寄せられることの多い取り組みについて解説します。

片岡英彦 著
定価：2,200円（税込）　ISBN978-4-88335-586-0

Creator2024

企業が制作物を外部発注する際に役立つ、広告制作プロダクションガイド。グラフィック、映像、Webなどに強みを持つ32社の注目プロダクションを、発注先を選定する際の決め手となる「制作実績」を中心に紹介する。

公益社団法人 日本広告制作協会（OAC） 監修
定価：2,090円（税込）　ISBN978-4-88335-588-4

先読み広報術
1500人が学んだPRメソッド

1500人以上が学んだ人気の広報勉強会の内容を凝縮した、実践的な広報の教科書。メディアの関心を引く話題のつくり方からプレスリリースの書き方、オウンドメディア・SNS活用法、ChatGPT活用まで、詳細にわたって解説する。

長沼史宏 著
定価：2,090円（税込）　ISBN978-4-88335-571-6

宣伝会議

Marketing & Creativity/Sales Promotion
Design/Copy/CM/CG/Photo
Web & Publishing
Philosophy/Entertainment
Environmental Forum
Business/Creative Seminar

出版目録

Marketing & Creativity
宣伝会議

本社 〒107-8550 東京都港区南青山 3-11-13
TEL.03-3475-3010（代表）

ホームページで書籍・雑誌・教育講座のご案内をしております。
http://www.sendenkaigi.com/
東 京・名古屋・大 阪・福 岡

でも子どもとのお出かけに抵抗がないと考えられます。

共働きママにとって、移動時間も「楽しいおでかけの一部」

子どもとの外出にアクティブな共働きママにとって、移動時間や手段も楽しみの一つとなっているようです。子どもと一緒に旅行や日帰りで外出する際の移動手段の選択理由を聴取した結果（図40）、共働きママと専業主婦ママに興味深い違いが見られました。

共働きママ、専業主婦ママともに最も多い移動手段はクルマです。選択理由は「移動がラクだから」が最も多く、次いで「荷物が多くても困らないから」です。

オムツや着替えなど子どものたくさんの荷物や、周囲にも迷惑をかけないように気をつかう子どもとの外出の手段として、クルマを利用することにメリットを感じているようです。また、共働きママでは「ゆったりと旅を楽しめるから」が専業主婦ママよりもやや高い結果となりました。

次に多かった「飛行機」を選んだ理由は、「早いから」「移動がラクだから」に次いで、共働きママでは、「ゆったりと旅を楽しめるから」「家族とおしゃべりを楽しめるから」がそ

図40 子どもとの旅行・外出に利用する移動手段の選択理由

※旅行・日帰り外出件数ベース

	クルマ		飛行機		鉄道（在来線）		鉄道（新幹線・特急）	
	共働きママ（n=285）	専業主婦ママ（n=291）	共働きママ（n=107）	専業主婦ママ（n=44）	共働きママ（n=93）	専業主婦ママ（n=69）	共働きママ（n=44）	専業主婦ママ（n=32）
移動がラクだから	49.1	64.6	22.4	20.5	25.8	21.7	25.0	25.0
荷物が多くても困らないから	42.1	45.7	5.6	4.5	2.2	2.9	2.3	―
早い（短時間で行ける）から	13.7	16.2	22.4	34.1	25.8	39.1	34.1	21.9
ゆったりと旅を楽しめるから	26.3	22.7	20.6	6.8	9.7	5.8	25.0	25.0
家族とおしゃべりを楽しめるから	16.5	15.5	12.1	6.8	12.9	7.2	6.8	6.3
移動中に食事を楽しめるから	3.9	7.2	7.5	2.3	3.2	2.9	15.9	9.4

(%)

「共働き家族のお出かけ調査」（2019年度）より

れぞれ専業主婦ママよりも高い結果となりました。同様に「鉄道」の選択理由は、在来線では、「家族とおしゃべりを楽しめるから」、新幹線・特急では、「移動中に食事を楽しめるから」において共働きママのほうが専業主婦ママに比べて高い結果が見られました。

共働きママは移動手段の選択要因として、短時間で目的地に到着する早さや、移動の快適さといった乗り物の長所以外にも、家族との会話や食事など家族で過ごせる移動時間そのものを楽しみたいと思っていることがうかがえます。

また、休日の子どもとの外出で叶えたいこと（大型連休、夏休み等を除く）を聴取したところ、「家族で同じ時間を共有すること」と回答した共働きママが、半数近くもいました。

共働きママは平日に子どもと過ごす時間が取りづらいことから、休日に家族と一緒に過ごす時間を貴重に感じていることがうかがえます。

時間を効率的に使う意識が高い共働きママだからこそ、忙しい日常から解放され、家族と一緒に楽しく過ごせる「移動時間」にも大きな価値を感じているようです。

共働きママはアウトドア体験に興味津々

では、共働きママは、子どもと一緒にどんな体験をしたいと考えているのでしょうか。長子が中学生以下のママに「今後、子どもと一緒に行きたいところ・体験したいこと」を聴取した結果（図41）、共働きママと専業主婦ママともに「テーマパークや施設（映画館等含む）を訪れる」が7割を超えてトップとなりました。テーマパークや映画の世界観などを通じて、手軽に、そして親子ともに非日常感を味わえることが魅力だからと推察できます。

また、「キャンプ、バーベキュー、昆虫採集、川遊び」と回答した共働きママは52・4%で、専業主婦ママよりも8ポイント高い結果となりました。さらに、「登山、ハイキング」は共働きママが36・4%で、専業主婦ママに12ポイントの差をつけています。共働きママはアウトドア体験に対する意欲が高いことがわかりました。

図41 今後、子どもと一緒に行きたいところ・体験したいこと

		テーマパークや施設（映画館等含む）を訪れる	キャンプ、バーベキュー、昆虫採集、川遊び	スポーツ、プール	温泉	旅先でのグルメ	ショッピング	体験型（体験教室、職業体験、農業体験）	登山、ハイキング
共働きママ（n=250）		74.0	52.4	49.6	43.2	41.2	39.6	39.6	36.4
専業主婦ママ（n=250）		78.0	44.4	44.8	44.8	46.4	42.0	40.0	24.4
共働きママ×長子の年齢	乳幼児（0-2歳）（n=50）	84.0	52.0	56.0	54.0	48.0	42.0	34.0	38.0
	未就学児（3-5歳）（n=50）	84.0	56.0	58.0	46.0	42.0	36.0	38.0	46.0
	小学校1-3年生（n=50）	66.0	58.0	48.0	28.0	26.0	28.0	40.0	28.0
	小学校4-6年生（n=50）	74.0	50.0	48.0	36.0	42.0	40.0	46.0	38.0
	中学生（n=50）	62.0	46.0	38.0	52.0	48.0	52.0	40.0	32.0

（%）

「共働き家族のお出かけ調査」（2019年度）より

次に、共働きママに絞って長子の年齢別に見ていきましょう。

共働きママから多くの回答が挙がった「キャンプ、バーベキュー、昆虫採集、川遊び」は、未就学児や小学校低学年の子を持つ母親から特に人気があります。子どもの体力がついてくるのに関連して、アウトドアのお出かけ意欲も高まる傾向にあるようです。

また、「温泉」「旅先でのグルメ」「ショッピング」は乳幼児ママに高い傾向がありますが、小学校低学年ママになると一時的に低くなり、小学校高学年ママになると再び高まる傾向が見受けられます。

子どもの成長に合わせて今しか体験できないこと、今だからこそ楽しめる体験を子どもと一緒に楽しみたいと考えてい

ることがうかがえます。

コロナ禍で認知が広がった「親子ワーケーション」

「今しかできない体験をさせたい」と考える共働きの親たちをターゲットに、最近では「親子ワーケーション」が注目を集めています。この「ワーケーション」とは「ワーク＝仕事」と「バケーション＝休暇」を組み合わせた造語です。

ワーケーションは、2000年代にアメリカで始まったと言われています。日本には2017年ごろに働き方改革や地域活性化の動きとともに、関心が高まりました。さらに新型コロナウイルス感染症の拡大によりリモートワークが普及してきたことで、柔軟な働き方の一つとして注目を集めています。

観光庁が2020年度に実施した調査（「新たな旅のスタイル」に関する実態調査報告書）では、利用者となる従業員のワーケーションに関する認知率は約8割です。経験率は全体の4％と低い状況ですが、認知している人のうち、「興味・関心層」（ワーケーションに「非常に興味がある」「興味がある」を足した割合）は約3割を占め、特に年代が若いほど関心が高く、さらに小さな子がいる家族の割合が高い傾向が見られます。

「親子ワーケーション」は、子どもは滞在先の小学校や保育園などに一時的に通いながら、その土地ならではの自然体験や文化との触れ合いなど、その場所でしかできない経験をし、親はその地域のシェアオフィスなどを利用してリモートで通常業務を続け、勤務時間外は親子でその土地での観光や生活を楽しむスタイルです。

共働きママは、子どもにさまざまな体験をさせたいと願うものの、仕事があるため、なかなか難しいと考えています。そんな悩みを抱えた共働きママにとって、子に非日常的な体験をさせながら、仕事にも穴を開けない「親子ワーケーション」は、今後も広がっていきそうです。

働き方の変化で強まった「今しかないできない体験」への想い

子どもとの外出において「家族での時間を大切にしたい」「今しかできない体験をさせたい」という想いは昔から変わりません。ただ、仕事による時間の制約がある中で、「子どもと一緒に過ごす外出時間を価値あるものにしたい」という思いはより強くなっていると感じます。子との時間を深めることができる「体験」に、これまで以上に価値が置かれるようになるのではないでしょうか。

また、子どもとの時間を大切にしながらも、親自身も有意義な時間を過ごしたいという意識も見られます。親子の時間を持ちつつも、外出中・旅行中に家族が始終一緒にいるだけではない新しいおでかけスタイルが、今後はより求められるようになるかもしれません。

「教育にはお金をかけたい」多少無理してでも

共働き家庭ほど習い事に積極的

さて、ここまで子育て家族の「イベント」「おでかけ」に関する消費実態を紹介してきました。家族で時間や思い出を共有できるイベントや外出に、共働き世帯が意欲的な様子を感じてもらえたのではないでしょうか。

ここからは教育に関する消費実態を深掘りしていきます。

図42 子どもの習い事実施状況

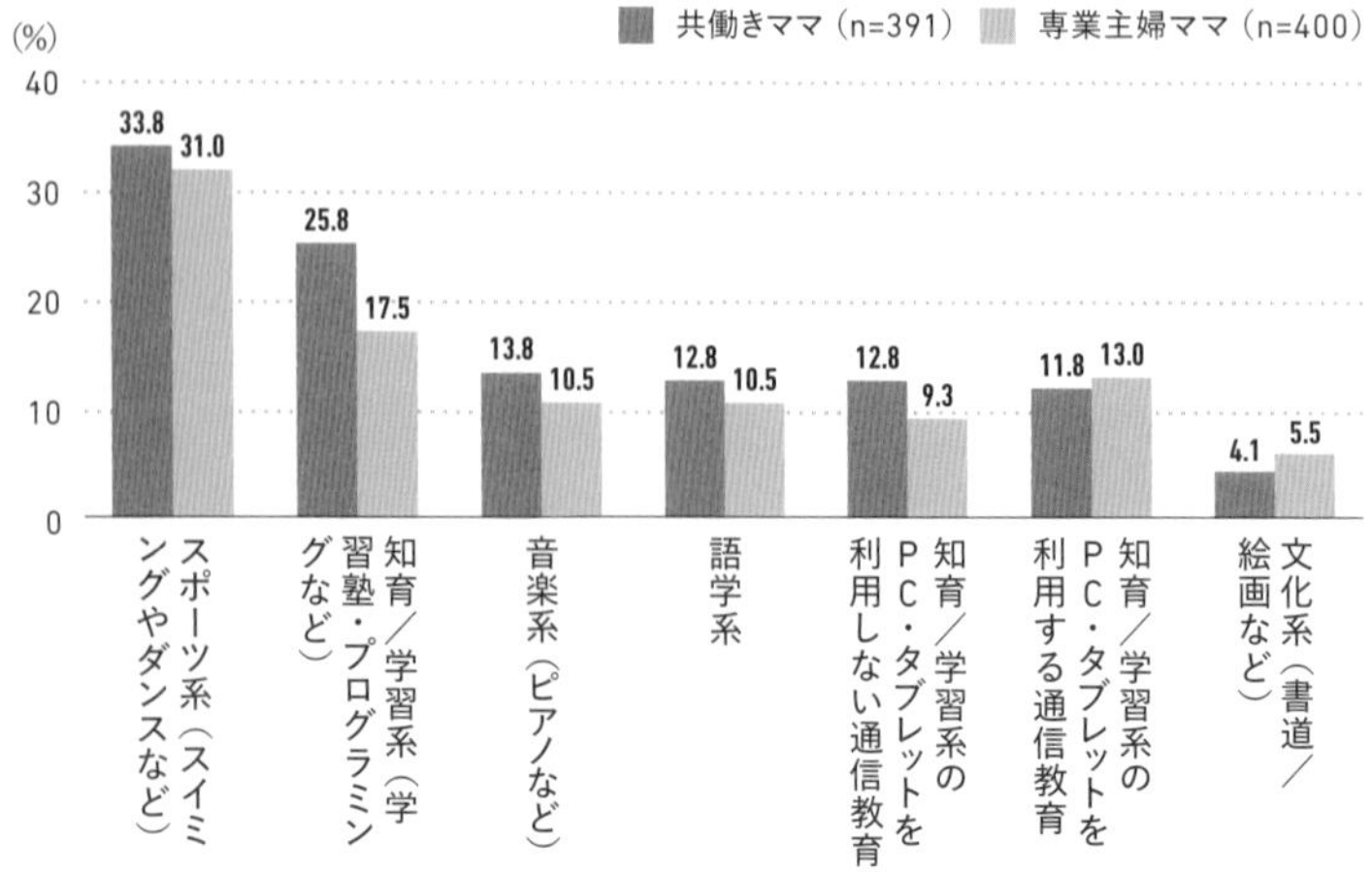

「イマドキ家族の子供への意識実態調査」（2020年度）より

図42は、共働きママ・専業主婦ママに子どもの習い事実施状況を聞いたものです（「子供意識調査」、2020年度）。最も多いのは「スポーツ系（スイミングやダンスなど）」で、共働きママ・専業主婦ママともに3割強ですが、やや共働きママが高い結果となりました。

また、「知育／学習系（学習塾・プログラミングなど）」は共働きママが25・8％で専業主婦ママより8ポイントほど高い結果が出たほか、「語学系」「音楽系」の実施率も共働きママが専業主婦ママを上回りました。この結果からも、共働き家庭が習い事に積極的であることが明らかです。

教育費は子の年齢が上がるにしたがっ

て膨らんでいきます。習い事だけでなく、私学に通うようになれば学費もかかります。

２０２２年の「お金調査」で今後の暮らしへの見通しとして、子の教育についての意識・考えを聴取したところ、「子どもの教育費が払えるか心配」と回答した共働きママは62・5％にのぼりました。

その一方で、「子どもの教育には多少無理をしてもお金をかけたい」という意識も51・7％と過半数を占めます。「お金は心配だけれど、教育費は出し惜しみたくない」そんな親心が、このデータから読み取ることができます。

貯蓄と投資で「かさむ教育費」に備える

では、この葛藤を打開すべく、共働き家庭は教育費についてどのような対策をしているのでしょうか。

共働きママの生活費項目ごとの1ヶ月あたりの平均支出金額を見ると、「保険」は約9割、「投資」は約6割の共働きママが支出しており、実施者の平均支出金額はそれぞれ月3万円程度となっています。これは外食や旅行・レジャー実施者の平均支出金額よりも高い金額です。また、月5万円程度の貯蓄も行っています。

仮に今は夫婦共働きである程度収入を確保できていたとしても、それがずっと続く保障はありません。先の見えない時代だからこそ、この先のライフプランやキャッシュフローを想定し、計画的にやりくりしている様子がうかがえます。

練習、送迎…習い事でも「時間的余裕がない」

子の教育・習い事に関する悩みは、お金だけではありません。子供意識調査（2020年度）で共働きママに子どもの習い事に関して困っていること・悩んでいることを聴取したところ、「費用がかかる」（44・2％）が第1位でしたが、次いで「子どもの習い事の進捗確認・練習を見てあげる時間が取れない（30・9％）」「送迎／参観の時間的負担が大きい（23％）」という悩みが挙がりました。

さらに「旅行やレジャーに行く時間が取れない（15・1％）」「どのくらい役に立っているのか効果がわかりにくい（13・6％）」という回答が続きます。

この調査結果からも、共働きママは時間的余裕があればもっと子どもの様子を見てあげたい、もっと一緒に過ごす時間を取りたいという思いを持ちながらも、それが実現できない葛藤を抱えていると言えます。

「習い事の負担軽減サービス」のニーズが今後高まる可能性

教育は、先が見通せない中でも、子の将来のためにお金をかけてあげたいという親心が強く出る消費です。

一方、特に共働き世帯で「時間的・肉体的負担が大きいこと」「パフォーマンスの可視化ができない」ことが課題となっています。

常に習い事に付き添うことができない共働き家庭には、進捗や様子をフィードバックできるシステム・サービスの構築や、負担を軽くするための付帯サービスの充実が喜ばれるかもしれません。子どもの送迎サービス、お弁当の宅配サービスなど、アウトソーシングできるものへの需要も、今後さらに顕在化・加速化していくことが想定されます。

次の章では、時間的余裕がない中で、共働きママがどのように情報を取得しているのか、またどんなアプローチが有効なのか、詳しく触れていきます。

Interview
#2

シヤチハタ「子育て関連スタンプ」担当者に聞く

子どもの持ち物の名前書きの手間を、
スタンプ一つで軽減する提案をしたシヤチハタ。
「おなまえスタンプ」「おむつポン」などの開発を経て、
近年は新たに子育て世帯向け商品を
幅広く展開しています。
ユーザーの声の拾い方、さらに子育て世帯向け商品から
掘り起こした新たなターゲットについて、
商品企画部　杉浦結稀さんに聞きました。

誰でも簡単に押せるスタンプで「時短」「考えない」を実現

——シヤチハタといえばネーム印でおなじみですが、復職後に「おむつポン」のありがたみを実感した共働き夫婦は多かったのではないかと思います。

保育園の乳児クラスはおむつに記名をして持っていく必要があるのですが、おむつの表面がでこぼこしているため、スムーズに書けなくて時間がかかります。また、使うたびに補充が必要なため、記名する頻度も高くなります。その点、おむつポンは子どもの名前入りのスタンプを押すだけで済むので、かなりの時短になります。子育て世帯向け商品を拡充したきっかけは、どんなことだったのでしょうか。

シヤチハタのスタンプはビジネス用というイメージがありますが、それに留まらない新しい使い方を提案するべく、家庭での利用を想定した商品を展開することにしました。2003年に学用品への名前付けが簡単にできる「おなまえスタンプ」を発売。入園・入学時には持ち物にすべて名前を書く必要があるので、その手間を軽減する商品として考案しました。2014年に発売したおむつポンは、おむつはもちろんプラスチックや金属にも押すことができます。

子育て中で時間がない人にとって、時短は重要な要素です。時短に加えて、「誰でも」「簡

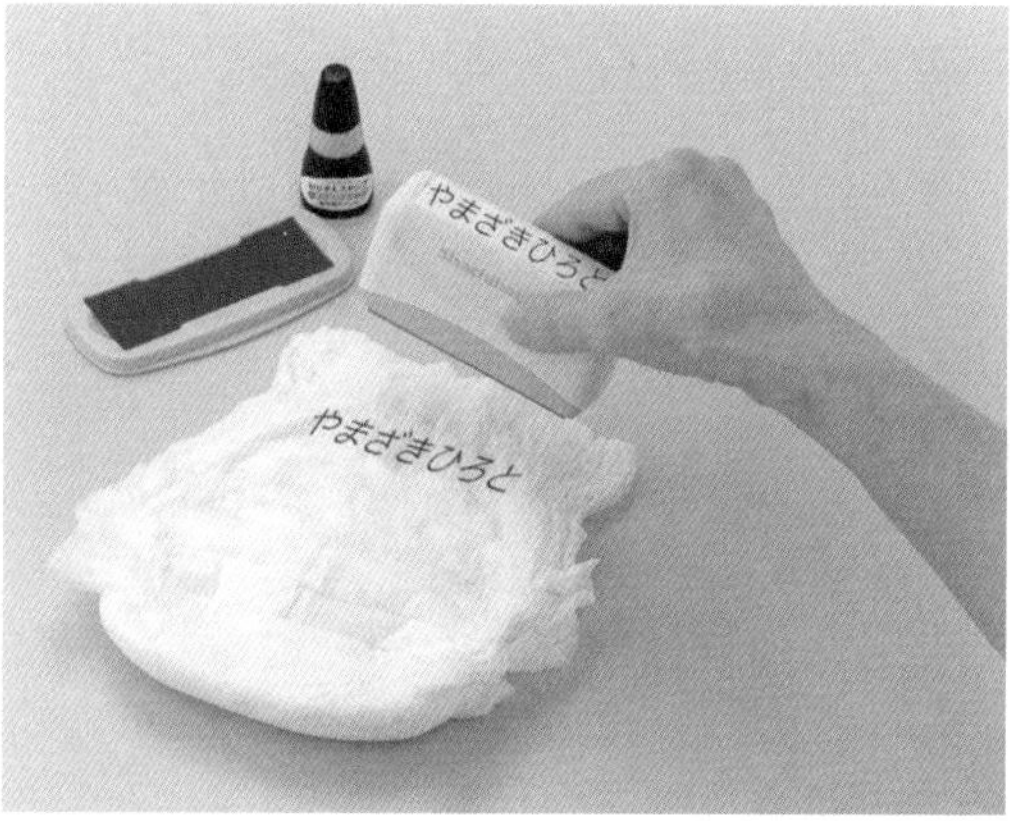

たくさんのおむつの名前書きを、素早く一押しで解決する「おむつポン」は発売以来の人気商品。

文房具、衣類、遠足用品、算数用教材、お道具類などへの名前付けに使える「おなまえスタンプ」。

単に」使えるのがスタンプの強みです。

――ビジネス用としてすでに使われていた商品を、発想を転換して応用したというわけですね。「誰でも簡単にできる」というのは、イマドキファミリーへの大きな訴求ポイントになると思います。誰でも簡単に使えて時短にもなるという切り口から新たなシーンに展開したということですが、ニーズ起点での発想と、今ある商品を生かしていくのとではどちらが多いのでしょうか。

両方あります。自社の技術をニーズに合わせて応用すると、開発期間が短くなるというメリットがあります。それに加えて、「もう少しがんばればニーズを満たすところに届きそう」という新しい技術を使った商品も考えています。

――たしかに、「おむつポン」は時短に加えて「考えたくない」というニーズにもマッチしていると思います。当研究所は、毎日家事・育児・仕事に追われる共働きファミリー、特に共働きママにおいては「考えること自体が負担になる」と分析しています。おむつポンは、考えることを少しでも夫に手渡したい共働きママにとって、「誰でも簡単に」記名ができるところに大きな価値があります。「押すだけ」なので使い方を教える手間もなく、人にも勧めやすい商品と言えるのではないでしょうか。

「生の声」から
ユーザーのニーズを拾う

――2019年に発売した手形・足形アート制作キット「ファーストアート」も、子どもとの時間を大切にするイマドキファミリーに刺さる商品だと感じました。赤ちゃんはあっという間に大きくなります。記録を残したいと思っても、絵の具を用意したり落としたりするのも大変です。そこにシヤチハタの技術を使った落としやすいインクを活用しているのは画期的だと感じました。子どもの肌に優しいのも、子育て中の人にとっては大きな安心材料になります。また、スタンプ台、台紙、木製フレームがセットになっていることで、必要なものをそろえるための「考える手間」が省ける点も魅力的です。

部屋を汚さないように、もし汚れてもすぐにきれいに落とせるという点を意識し、原料には配慮しています。当初はスティック状のスタンプを赤ちゃんの手に塗る想定をしていました。そんなとき、手形アートを手がける作家に出会うことができたので、監修をお願いしました。商品化についてアドバイスを受けながらさまざまなモデルをつくり、実際に使ってもらうモニターテストを繰り返して、最終的に片手で赤ちゃんを支えながらきれいに簡単に手形が取れる形状を完成させました。

——現在、子育て世帯向け商品の開発チームはどのようなメンバー構成になっているのでしょうか。

企画は20～30代中心のメンバーです。男性社員は子育て中でターゲットとしての視点も入っていますが、女性社員は子どもがいるメンバーはいません。

また、開発メンバーは男性が多いので、どうしても「かっこいい仕上がり」になってしまうことがあります。そのギャップを擦り合わせながら商品化していきます。

社内の子育て中の女性に話を聞いたり外部インタビューをしたりと、なるべくリアルな声を聞くようにしています。私も子どもがいる友人に会ったら、話を聞かせてもらっています。

また、シヤチハタオフィシャルショップ

©petapeta-art

世界に一つの手形・足形アートが制作できるキット「ファーストアート」。
手形アート作家のやまざきさちえ氏監修のもと開発。

で会員登録をした人にアンケートを送って、意見を参考にしています。ネットで情報を検索することもあれば、子育て系のインスタグラマーが何を発信しているのか、何がファンに受けているのかを分析することもあります。

——大掛かりな調査をしなくても、身近な声を拾ったりネット上の動向を見たりと、できることはたくさんあるかもしれませんね。

今は100円、300円均一ショップも多く、その金額でかなりクオリティの高い商品も増えているので、そのあたりとの差異化は常に意識しています。ニーズを汲み取りながら開発する一方で、ターゲットに負担のない金額にする点には苦労しています。

一度子育て層と接点を持つことで、将来的なユーザーを増やせる可能性がある

——子育て世帯向け商品の課題として、毎年新しい層が入ってきて一定年齢になると抜けていくことが挙げられます。固定ファンをつくることがなかなか難しいジャンルかと思いますが、そのあたりはどう捉えていますか。

確かにお子さんの成長に伴って不要になる商品も出てくるかと思います。おむつポンが必要な時期は数年です。でも一度接点を持つことで、次のステージでもまたシヤチハタの商品を使いたいと思ってもらえるかもしれません。

当社には部署名や住所のスタンプ「一行印」という商品があります。これに自宅の住所を入れて、予防接種の用紙や入園の際の書類に押している人もいます。「おむつポン」や「おなまえスタンプ」と同様に、「先輩ママから教えてもらって購入した」という話も聞きました。

――今後も子育て世帯向け商品は拡充していく予定でしょうか。

記名の時短を叶える商品、子どもとの思い出づくりができる商品、子どもが自ら学んでいけるような知育系の商品の三本柱で商品群をつくっていきたいと思います。先ほどの「接点を持つ」の話につながりますが、知育玩具を通して幼児や学童期の子に親近感を持ってもらうことで、将来的なユーザーを増やせる可能性もあります。マーケティングとして、やる意義があるジャンルだと感じています。

また、これらの子育て世帯向け商品は、介護向け商品としても応用できると気づきました。介護施設に入居する際など、身の回りの物への記名が必要になります。名前付け用の「どこでも持ち物スタンプ」は「介護用品にも使える」とうたって、公式サイトやＳＮＳで認知を広げるようにしました。「おむつポン」も大人用として漢字にも対応している点は訴求しています。これらの商品を応用してもらうことで家族の手間は軽減できるはずです。

――これはファミリーマーケティングに二の足を踏む企業にとって、非常に興味深い話だと思います。ファミリー層という市場自体がシュリンクする一方で、「ある尖った困りごとを抱える層」に向けて開発することで、それ以外の層にも響く可能性があるのですね。

私たちにとっても大きな発見でした。これからもユーザーの声を聞きながら、役立つ商品を世に送り出していきたいです。子育て世帯向け商品の点と点をつなげて、将来的に面にしていければと考えています。

シヤチハタ
杉浦結稀さん
Yuki Sugiura
商品企画部

第5章

イマドキママのインターネット活用術

共働き世帯とインターネットとの親和性

情報は積極的に調べ、積極的に拡散する

情報を制するものは戦いを制す。限られた時間を有効活用し、戦略的に行動せざるを得ない共働きママにとって、情報はまさに要です。そんな共働きママの情報に対する接触態度と意識についてひもといていきます。

「共働き家族のメディア接触に関する調査」（2017年度。以下、メディア調査）で、「いろいろな分野のことに広く関心を持つほうだ」に「あてはまる」「どちらかというとあてはまる」と回答した共働きママは60・1%（図43）。「政治・経済など社会の動きに非常に関心がある」と回答した人は55%と、いずれも専業主婦ママよりも10ポイント以上高く、さまざ

図43 普段の情報接触態度

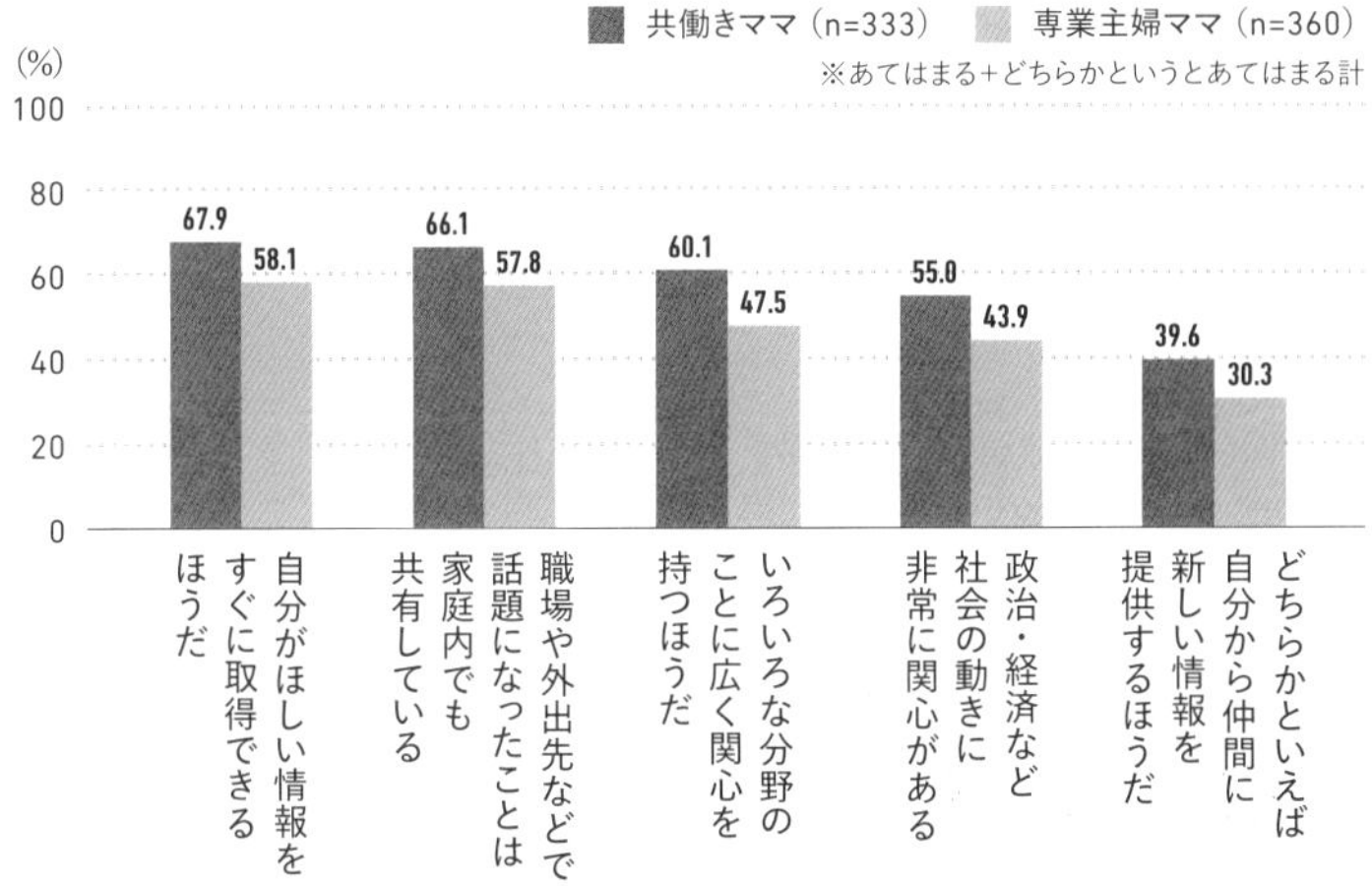

「共働き家族のメディア接触に関する調査」（2017年度）より

まな情報に関心が高いという特徴があります。さらに、「自分がほしい情報をすぐに取得できるほうだ」と答えた人の割合は67・9％と、こちらも専業主婦ママよりも高い水準です。

また、「どちらかといえば自分から仲間に新しい情報を提供するほうだ」や「職場や外出先などで話題になったことは家庭内でも共有している」という設問にあてはまると答えた人の割合も専業主婦ママに比べて高く、共働きママは自ら情報発信や拡散をするハブとしての一面も持つことが明らかになりました。

情報に対して、能動取得者であり、媒介者でもあり、情報を巧みに活用している共働きママ。情報があふれる現代社会において、共働きママはどのように多様なメディアを利用し、情報を有効に活用しているのでしょうか。

共働きママはインターネットから情報を取る

２０２１年の子育て家族調査にて、普段見聞きするメディアのなかで最も接触率が高いのは、共働きママ、専業主婦ママともに「テレビＣＭ・テレビ番組」でした。しかし、共働きママの接触率は66・３％と、専業主婦ママの73％に比べて低い結果でした。

さらに、接触時間にも顕著な差がありました。専業主婦ママは一日のテレビ視聴時間が１２７分あるのに対し、共働きママは76分。両者の間に１時間近い開きがあったのです。

「インターネットのニュースサイト・記事サイト」と「ＳＮＳ」はどうでしょうか。「インターネットのニュース・記事サイト」の接触率は、共働きママが59・７％で専業主婦ママより６ポイント高く、「ＳＮＳ」の接触率も同様に６ポイントほど共働きママが高い結果となりました。ただし、接触時間はさほど長いわけではありません。

「インターネットのニュースサイト・記事サイト」の一日あたりの接触時間は共働きママ

が29分で専業主婦ママより1分程度短く、「SNS」で33分と専業主婦ママに比べて10分程度短くなっていました。

SNSは見るが「短時間勝負」

こうした結果から、共働きママは専業主婦ママよりインターネットサイトやSNSに接する人は多いものの、時間的な制約があるため、日ごろから短時間で効率的な情報収集を意識していることがうかがえます。

ほかにも、「電車内・駅の広告」「新聞の記事・広告」「新聞の折り込みチラシ」「雑誌の記事・広告」「フリーペーパー」「ダイレクトメール」など、テレビ以外のほとんどのメディアは、専業主婦ママより共働きママの接触率が高いことが明らかとなりました。共働きママは一つのメディアをじっくりと見る時間は少ないものの、情報収集に積極的で多様なメディアを活用し、幅広い情報源をチェックしているようです。

インターネットなら「自分のタイミングで情報検索できる」

続いて、カテゴリー別の情報取得メディアについて見ていきましょう。

子供意識調査（2020年度）では、「日用品や食品、雑貨などの新商品情報」を得る際に「テレビCM」を参考にしていると回答した共働きママは22・3％で、専業主婦ママより10ポイント近く低い結果となりました。

また、共働きママが「テレビCM」と同じくらい参考にしている割合が高かったのは「インターネット上の評価・口コミ」（24・6％）、「インターネット上の記事サイト」（23％）でした。共働きママは平日に帰宅してから子どもが寝るまでの間は、腰を据えてテレビを見る時間はありません。ただし、インターネットであれば通勤や移動の合間、調理などの家事の合間など、細切れ時間のなかでも情報をチェックすることができます。

自分が知りたいと思ったタイミングで、必要な情報をピンポイントで把握できることが、多忙な中での情報取得の際のニーズに合っていると考えられます。

共働きママは「口コミ」に加えて専門家の意見も重視する

　また、「子育てや子どものためのサービスに関する情報」を得る際に「リアルな口コミ（知人・友人・家族からの口コミ）」と回答した共働きママは27・9％。決して低い数値ではないものの、専業主婦ママの33・8％と比べると6ポイントほどの開きがあります。

「商品・サービスを購入するとき、有識者の情報は参考になると思う」と答えた共働きママは17・7％で、専業主婦ママより8ポイントも高い回答となっています。これらの結果から、共働きママは情報の正確性や専門性を重視していることがうかがえます（「子育て家族調査」、2021年度）。

　共働きママには口コミに加えて、専門家のお墨付きや根拠を示すとよいかもしれません。

共働きママは「一日3回」情報収集タイムをつくる

家事育児を終えた夜間が「貴重なインプットタイム」

すでに何度か紹介している通り、共働きママは、特に平日は朝から晩まで家事、育児、仕事に追われています。そのため、メディアとの接触時間は短い傾向です。

「考えない戦略」を実行している母親も多いので、情報を頭にインプットできるタイミングが限られているのかもしれません。

そんな共働きママにアプローチするには、情報収集できるタイミングをピンポイントで狙う必要があります。私たちの研究によって、そのタイミングは「一日のうち3回」あることが明らかになりました（平日の場合）。

図44 共働きママのファッションECサイト利用シーン・時間帯

※各ECサイト利用者ベース（%）

	朝の通勤時間に	会社で仕事中に	会社の休憩中に	夕方・夜の帰宅時間に	家事の合間に	外出先への移動中に	リアル店舗でお買い物中に	昼間、子どもがいない時に	夜、子どもが寝た後に	夜寝る前に
百貨店系ECサイト（n=107）	19.8	2.6	16.4	13.8	21.6	5.2	5.2	5.1	25.0	16.3
ファッションビル・商業施設のECサイト（n=94）	14.6	2.0	15.5	15.7	19.7	8.8	9.8	6.9	26.4	17.5
実店舗を持たないファッション系のECサイト（n=145）	19.0	7.0	18.3	18.9	24.0	9.5	3.2	5.0	30.8	25.9
ファストファッション系のECサイト（n=161）	20.6	3.4	15.5	15.2	17.8	8.0	4.0	6.3	31.3	28.5
その他ファッション系ブランド直営のECサイト（n=109）	22.7	4.2	16.7	15.8	17.7	10.2	3.4	4.1	26.0	21.8

1位	2位	3位

「ママの買い物調査」（2019年度）より

1回目は夜の時間帯です。家事育児を終えたタイミングなので、ECサイトを積極的に見て自分自身のファッションアイテムを探すこともあります（図44）。

夜の一人時間にインターネットで情報収集したりECで買い物したりする行動は、共働きママに限ったことではないと思われるかもしれません。しかし、共働きママにとって限られた自由時間の中で、夜だけが比較的長い時間情報と向き合い、インプットできるタイミングなのです。企業にとって、この時間帯はより深い情報を届けられるチャンスと言えるでしょう。

朝は「自分モード」、夕方は「母モード」でネット検索

残り2回のタイミングは、朝夕の「通勤・帰宅中の時間」です。電車通勤している長子8歳以下の共働きママの半数以上は「電車内は家庭と仕事、自分の時間との気持ちを切り替える時間」と捉えています。また、「電車内は貴重な時間なので大切に使いたい」(64・2%)、「電車内では情報収集を心がける」(44・2%)と回答しています(「ワーキングマザーに関する調査」、2015年度。以下、ワーキングマザー調査)。

第1章でも共働きママの電車内でのインターネットショッピング事情に触れましたが、実は朝と夕方とでは求めている情報に違いがあるのです。

2015年のワーキングマザー調査で電車の往路・復路で思い浮かべたカテゴリーを聞いたところ(図45)、往路は「ファッション・ファッション雑貨」が1位なのに対し、復路では「肉・魚・野菜」といった生鮮食品が1位となり、3位まで食料品で占められていました。

朝からバタバタと家事育児をこなした後、出勤中に前日の夜から気になっていた自分のファッションや子ども用品などの情報を引き続き収集しつつ、仕事モードに頭を切り替えていくことがわかります。

図45 共働きママ（長子8歳以下）が
電車の中で思い浮かべたカテゴリー TOP5

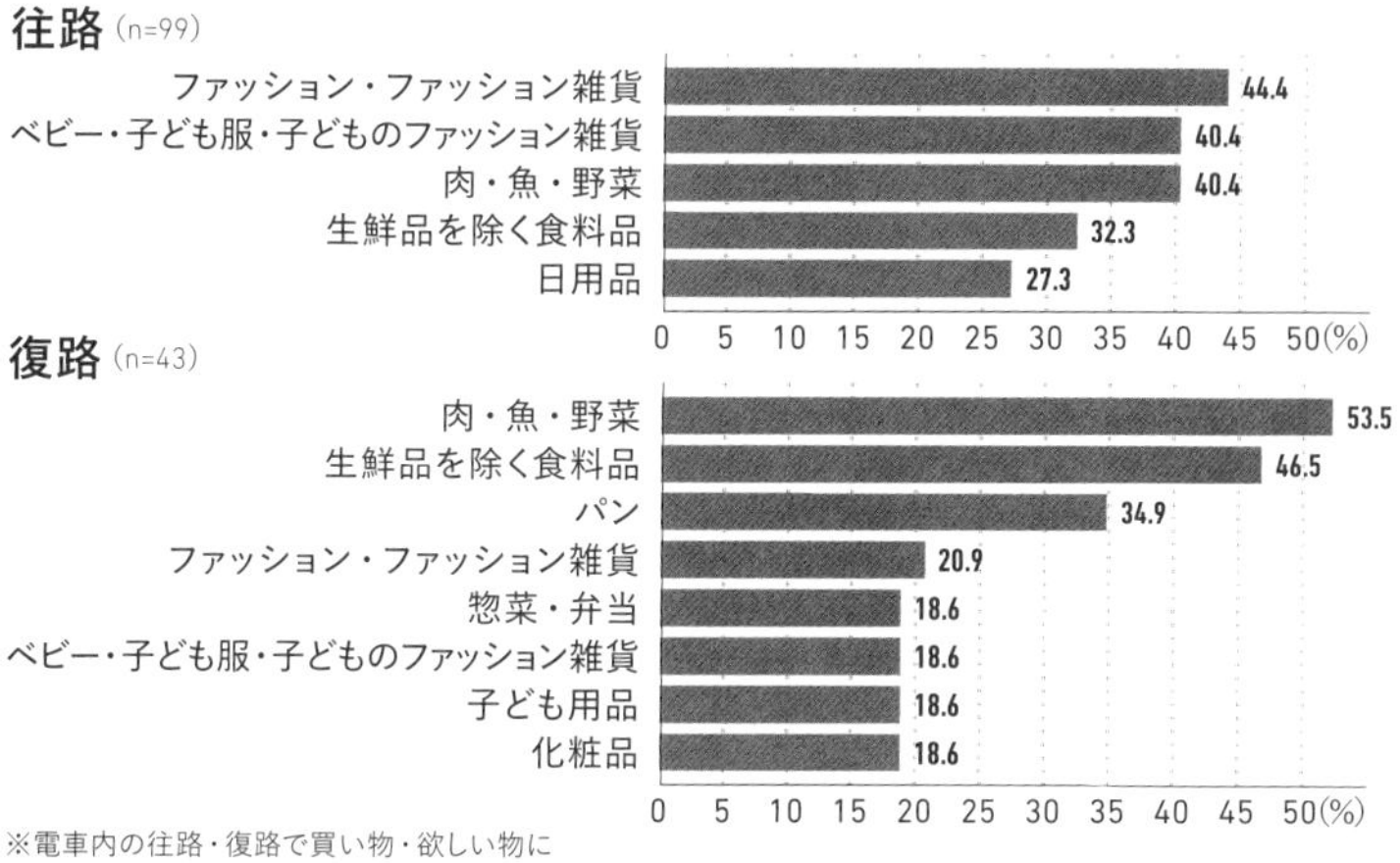

※電車内の往路・復路で買い物・欲しい物について考えた／ECで何かを購入した人ベース

「ワーキングマザーに関する調査」（2015年度）より

復路では、頭をフル回転させて一気に母モードにギアチェンジします。このときに頭にあるのは「帰宅後の家事育児シミュレーション」です。帰宅後の夕食や次の日の朝食づくりのために足りないものは何かを考え、短時間で買い物をするために事前の情報収集を行うのです。実際、電車内で「肉」「魚」「野菜」といった生鮮食品を思い浮かべる割合は、共働きママの半数を超えます。

共働きママが帰宅する夕方の時間帯は、食品においては絶好のコミュニケーションチャンスなのです。

勤務 〉 自分（仕事）モード

17時に退社するには…
午前中にはこれとこれを
終わらせてしまわなきゃ

帰宅後の段取りを、
頭をフル回転させてシミュレーション

モード
スイッチ

退社 〉 自分 ▸▸▸ 母モード

今日の夕飯は、
つくりおきの
煮物がある。
明日の朝用のパン
を買わなきゃ

情報
インプット
チャンス
2

ネット・交通広告で情報収集

電車の中で事前に決めている献立を思い出しながら、買物について考えている・情報検索している

買物 〉 母モード

時間がない！
よし、夕飯はこれ！
明日の朝食にはこれ！
あとはいつもの
これも
買っておこう

事前の情報を元にさっと買い物。
目についた新商品も試しに購入。

図46 共働きママの情報インプットチャンス

START

朝 〉母モード

子どもが好んで、
栄養もあるものを
食べさせたい。
でも朝から調理に
時間を
かけられない！

- 朝食支度～片付け
- 弁当作り
- 子どもの支度
- 子どもの送り
- 自分の支度

朝のドタバタを終え一息

モード スイッチ

通勤 〉母 ››› 自分モード

昨日の夜見つけた
コート、もう一度
見てみよう
今度朝食は
肉まんを食べさせたら
喜ぶかも

情報インプットチャンス 1

ネット・交通広告で情報収集

- 朝食や朝家事について、効率化を考える
- 前日の夜からのネット情報を引き続き検討

夕方 〉母モード

時間がない！
肉と切ってある野菜で
味付けはこれだけ！
あとはつくりおきの副菜でOK！

- 子どものお迎え
- 洗濯
- 夕食支度～片付け
- 風呂に入れる
- 掃除
- 寝かしつけ

GOAL

夜 〉自分（プライベート）モード

今日の私もおつかれさま。
次の連休は、
おいしいもの食べに
行きたいな…

情報インプットチャンス 3

ネットやTVで情報収集

- リフレッシュするために楽しい情報を探す
- ネットショッピング

情報収集のポイントは「いつでも中断・再開」できること

共働きママは限られた時間の中で小刻みに情報をインプットしていくため、「SNS上での保存」「マップ上でのピン留め機能」「ブックマークやお気に入り登録」など、PCやスマホの便利な機能を駆使しています。

企業側がこのようなストックを想定した情報提供をすることで、仮に途中で作業をストップしても、一日のうち3回ある「情報収集タイム」のどこかで、その続きからまた検索・閲覧などがしやすくなります。「いつでも中断・再開できる」。これはイマドキの共働きママとのコミュニケーションのポイントとして、押さえておくといいかもしれません。

Interview

3

シャープ「ホットクック」担当者に聞く

数ある時短家電の中でも、
「食の負担」を解決した画期的な商品。
それが、シャープが手がける水なし自動調理鍋
「ヘルシオ ホットクック」です。
研究所のチームメンバーの中にも
ホットクック愛用者がおり、日々の食事づくりを
助けられていると実感しています。
開発の際に意識した点や
共働き子育て世帯に浸透したきっかけについて、
商品の企画を担当する吉田麻里さんに聞きました。

料理の負担軽減をきっかけに、時間の余裕が生み出せた

――ホットクックはカットした野菜や肉などの食材を調味料とともに鍋に投入し、本体からメニューを選ぶだけで、カレーや肉じゃがなどの煮込み料理からパンやローストビーフなどの手の込んだ料理までつくれます。火加減や撹拌を自動で調整してくれるので「ほったらかし」にできる点が、忙しい共働き世帯に刺さっていると感じました。どのような経緯で開発に至ったのでしょうか。

ホットクックは業界初の「水なし自動調理鍋」として、2015年に発売しました。当社のウォーターオーブン「ヘルシオ」に次ぐ新製品を探っていたところ、和食がユネスコの無形文化遺産に登録されたというニュースを見かけました。煮物などの和食は火加減などが難しく、勘と経験が必要になります。そのため、料理に苦手意識を持っている人にはハードルが高いメニューも多かったのではないかと感じました。
また、健康志向の高まりを受けて、食材の栄養価が損なわれない無水調理自体にも注目が集まっていました。ただ、水を使わないために食材が焦げ付くことも多く、慣れるまで時間がかかるという話も聞きました。それなら、勘と経験がなくてもおいしい煮込み料理がつくれる家電があれば、喜ばれるのではないかと考えました。

——火を使わないから、調理中に目を離しても安心です。その間に子どもの宿題に付き合ったり洗濯したりと、ほかのことに時間を使えるメリットを感じている人は多いのではないかと思います。

実際に、会社員がユーザーの48％と最も多いのが特徴です。また、子どもと同居している世帯がユーザー全体の63％を占めています。[*1] 予約調理[*2]ができるので、朝セットしておけば帰宅時に熱々の料理が完成しているという点も、共働きママに支持されているようです。

＊1　「ホットクック」ユーザー調査　COCORO MEMBERS会員アンケート調査（n＝981、2020年3月実施）より
＊2　一部のメニューは除く

ホットクック。あらかじめ切った材料を入れ、ボタンを押せば予約した時間にできたての料理が食べられる。

——私たちが研究対象にしている「フルタイム共働き子育て世帯」とまさに合致しています。

ここ数年で共働き世帯が増加し続ける中で、家族観も大きく変化しています。女性が家庭も仕事も両立したいという思いは、どんどん強まっているのではないでしょうか。一方で、「料理は得意ではない」けれど「家族の健康を守りたい」気持ちも高いように感じます。当社の2015年の調査によると、料理をする理由は「健康のため」が最も多くて60％弱でしたが、「つくることが好き」と答えた人は20％ほどにとどまりました。「料理が苦手だけれど、おいしいものをつくりたい」人をサポートしたいという思いは常に持っています。

——当研究所の調査でも、平日の夕食づくりに負担を感じる共働きママは87・3％、専業主婦ママ70・6％と、かなり高い数値が出ていました（夕食実態調査、2018年度）。このように負担を感じながらも、栄養バランスを考えてタンパク質が取れる食材を出すなど、それぞれ家族の健康のために工夫を凝らしています。

また、調理に入る前の段階、つまり「献立を考える」こと自体に負担を感じる人も少なくありません。夕食をどうするか考えるだけで頭を使うので、それも料理を担当する人の重荷になっているのです。

2017年に無線LAN機能を搭載した際は、まさにその「献立決め」がつらいという声を参考にしました。特に、自分のためよりも誰かのために料理するモチベーションのほうが高く、「手づくりしたい」という欲求が強い子育て層に向けて、メニューを充実させて、料理の負担を少しでも軽減したいと思いました。

スマホアプリを使って約250種類のメニューに対応できるようにしましたが、2023年現在は約600までメニュー数を広げています。一番の人気メニューはビーフカレー、次いで具だくさんみそ汁、肉じゃがと続きますが、具だくさんみそ汁はリピート率が高く、前日に予約調理しておいて、翌朝できたての熱々を飲むのを楽しみにしているという声もありました。

――ローストビーフやアクアパッツァなど、いわゆる「ごちそう」メニューも豊富です。「料理は苦手だけれど、ホットクックのメニューにあるからローストビーフに挑戦してみよう」と思い立った人は多いかもしれないですね。これだけで献立のマンネリから解消されたとホッとする人もいるでしょう。料理が苦手な人でも、「勘と経験」がアウトソーシングできるという好事例だと思います。

ユーザーからは、ホットクックを導入したことで「子どもとの時間が増えた」「自分にゆとりができた」という声も寄せられています。導入のきっかけが料理の負担軽減だったとしても、結果的にプラスアルファの時間が生み出せたことを実感してもらえているようです。

育休復帰時に検討する人も「ユーザーの口コミ」で共働き世帯に拡大

――ホットクックは子育て世帯に支持されているということですが、ユーザーのボリュームゾーンは何歳くらいなのでしょうか。

自動調理鍋市場全体と比較すると、ホットクックは30代のユーザーが多い傾向にあります。この年代はまさに子育てがスタートする年代です。そこで通常メニューに加えて、母子栄養協会の監修による「取り分け離乳食」のレシピ提供も始めました。

離乳食をつくる期間は短いものの、大人の食事と別に用意するのは手間がかかります。取り分け離乳食のレシピは具材を入れるところまでは通常メニューと一緒ですが、調味料を入れない状態で調理をスタートして途中で加熱を止めます。子ども用を取り分けた後、大人用に調味料を加えて追加加熱等をすれば簡単に完成するというものです。

――取り分け離乳食のレシピを拝見しましたが、肉じゃがにチキンポトフといった煮込み料理から、炊きこみご飯まで、バリエーションも豊かで飽きませんね。ところで開発当初から、共働き子育て世帯をターゲットにしていたのでしょうか。

まさにその通りの狙いでした。ところが「火を使わないから安全」という理由から、当初のユーザーは予想に反してシニア層中心でした。発売翌年にはファミリー向けに大容量サイズもラインアップしましたが、発売から2〜3年はなかなか伸びなくて…。そこで無線ＬＡＮ接続機能の搭載や、「料理のレパートリーが増える」と訴求したところ、一気にファミリー層に拡大しました。２０２３年9月には、累計販売台数60万台を突破。また、ユーザーの約60％以上が「週に2〜3回以上利用している」と回答してくれています。

――確かに私たちの周りだけでも、共働き世帯においては所有率も使用率もとても高い印象です。これだけ浸透している割にはホットクックをマス広告で見る機会が少ないように感じたのですが、消費者とのコミュニケーションはどのような点を意識しているのでしょうか。

まずは買った人がファンになってくれるように、商品の満足度を上げることを重視しています。実際に「10人に勧めた」「友だちが20人買ってくれた」と言ってくれるユーザーもいて、非常にありがたいです。

子育て層にユーザーが広がっていったのは、このようにホットクックの良さを実感した人が広めてくれているからではないかと考えています。ユーザーの皆さんに話を聞いていると、特に保育園の保護者どうしで情報をシェアするパワーが強いと感じます。「公園で子どもを遊ばせながら、ママ友・パパ友にホットクックの良さを宣伝した」という話も聞きました。

育休から職場復職するタイミングで、これからの生活に不安を感じてリサーチをする人も多いようです。これから待ち受ける大変さから自分を助けてくれるアイテムとして、家電導入に前向きになるのではないでしょうか。

――口コミの力は強いですよね。当研究所が２０１７年に行ったメディア調査でも、共働きママは情報を能動的に取得し、ハブとなって周囲にも広める傾向が強いことが明らかになっています。自分でも調べる上、人のおすすめで良いと思ったものは積極的に取り入れるのです。家事の負担を軽減してくれて、さらにおいしいと聞けば、試してみたくなるかもしれません。ホットクックは伝播力の高い商品だと思います。

私たちのような「中の人」が友人に勧めることもできますが、それではバイアスがかかってしまいます。商品を使ってくれている人が勧めてくれるのが一番うれしいので、それをサポートしたいと考えました。

オンラインヘルシオ教室 ファンミーティング実施の様子。それまで対面だったものを、2020年よりオンラインをメインとした開催に切り替えた。

そこでホットクックを使った料理教室を開催することにしました。現在はオンラインがメインですが、直接対面することでユーザーの気持ちを聞くことができます。また、ホットクックの使い方やレシピ、ユーザーどうしが交流する場として、公式ファンコミュニティ「ホットクック部」も立ち上げました。

——メーカー側がこうした場を提供するのは、すばらしい試みだと思います。ホットクック部は一部を除き、登録していないユーザーも見ることができます。ホットクックを使ったレシピも豊富で、ユーザー同士が気軽に相談できることは、忙しい共働き夫婦にとって、より情報収集しやすい仕組みと言えるのではないでしょうか。

時短調理家電が家族の幸せを生み出す

ところで、現在ホットクックは3つのサイズで展開していますが、2019年にコンパクトサイズを発売したところ、男性ユーザーが顕著に増えました。中には「実家で使っていたので、一人暮らしするときに親に持たせてもらった」という人もいました。

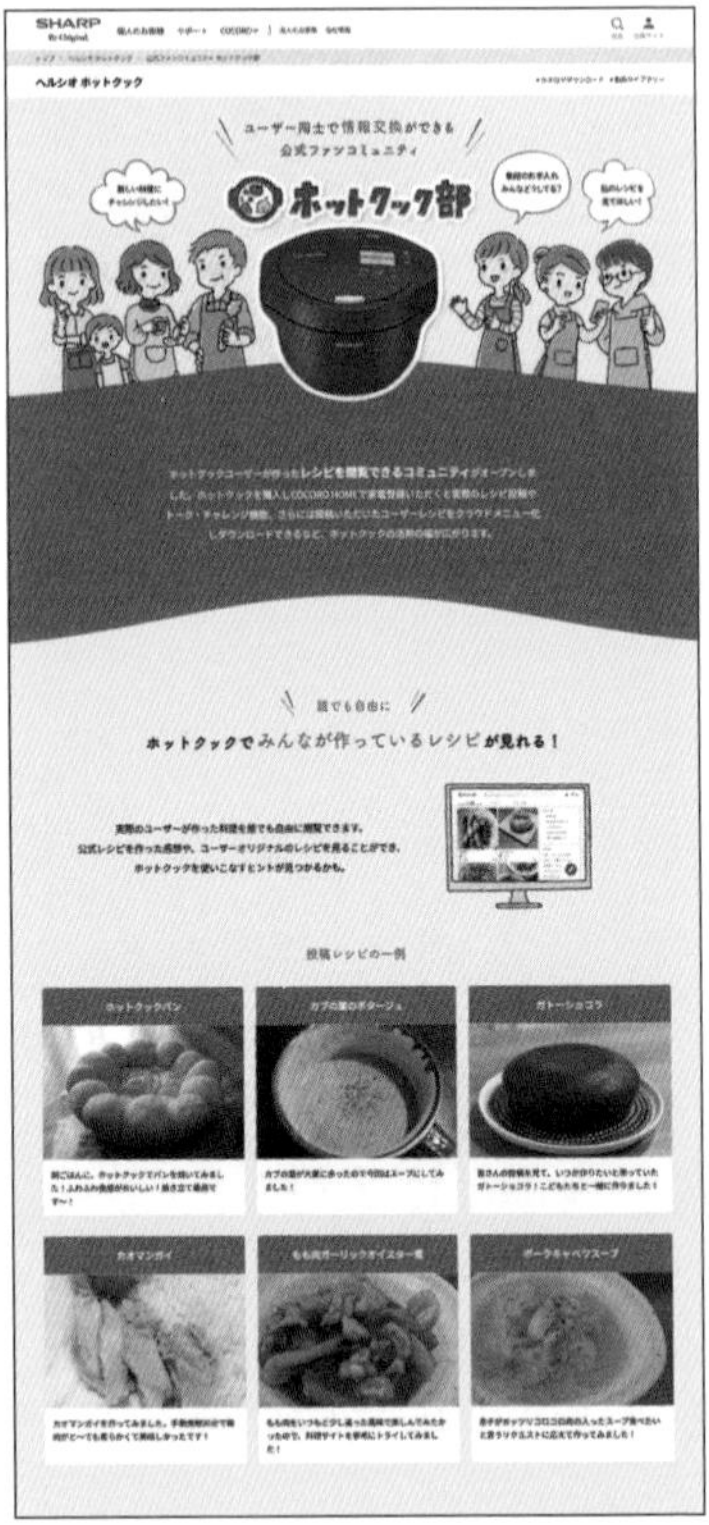

ホットクック部Webサイト。ユーザーがレシピ投稿でき、情報交換もできる。

――忙しい子育て世帯に向けて開発したけれど、火を使わないからシニア層に人気が出て、さらにこれから料理を始める若年男性にも広がってきたというわけですね。ホットクックのポテンシャルを感じます。料理が苦手な場合、買うという選択肢もあるかと思います。料理が苦手だけれど「おいしいご飯をつくることをあきらめたくない」という人は意外と多いのでしょうか。

「できるだけおいしいものを食べたい」というベースの欲求は誰しも持っていると思います。加工食品にもおいしいものはありますが、ホットクックユーザーは「できたてにしかないおいしさ」に魅力を感じてくれているのではないでしょうか。
ユーザーの広がりでいうと、コロナ禍で在宅勤務や休校を余儀なくされた際に、「子どもにホットクックで昼ごはんをつくってもらった」という話も聞きました。もともと誰でも使えるようなインターフェイスを意識してはいたのですが、確かに子どもでもわかりやすく、かつ安心して使っていただける商品だと思います。

――家族全員が使えることで「誰か一人」に偏っていた負担がなくなり、結果的にみんなが幸せになる。時短調理家電にはそんな効果もあるのではないかと思います。
共働き世帯を中心にロボット掃除機やドラム式洗濯機などの時短家電が広がっていますが、

ホットクックの普及率はまだまだです。食の時短、負担軽減として、「つくらない」という選択肢も増えてきました。ひと昔前のように、料理をつくらないことへの罪悪感は減ってきたように感じます。

でも人が生きていく上で、食べることとは切っても切り離せないこと。つくって食べるという行為がなくなることはありません。これからも「ホットクックがあればなんでもできる」とユーザーに思ってもらえるように、進化し続けていきたいです。

シャープ
吉田麻里さん
Mari Yoshida

Smart Appliances & Solutions事業本部
国内キッチン事業部
調理企画開発部　主任

第6章

イマドキ「共働き・共育て夫婦」の現在地

調査で明らかになったイマドキパパの変化

習い事、学校行事に関わる共働きパパが増加

第1章で、共働きパパの家事実施率は、妻が専業主婦のパパに比べて高いものの、日常の家事をどちらが担っているかの意識については、夫婦で大きくギャップがあることを紹介しました。しかし、調査を重ねて、少しずつ夫婦の、特に夫の意識や行動に変化が生まれていることが明らかになってきました。

私たちは2016年に「共働き家族の実態調査」、2021年に「子育て家族調査」として、同じ項目で調査を実施しました（図47）。両者を比較すると、共働きパパでは、「ゴミ出し」「風呂掃除」など2016年度でも6割を超えて高かった項目に加え、「夕食の片づけ」

図47 パパの平日家事・育児実施率

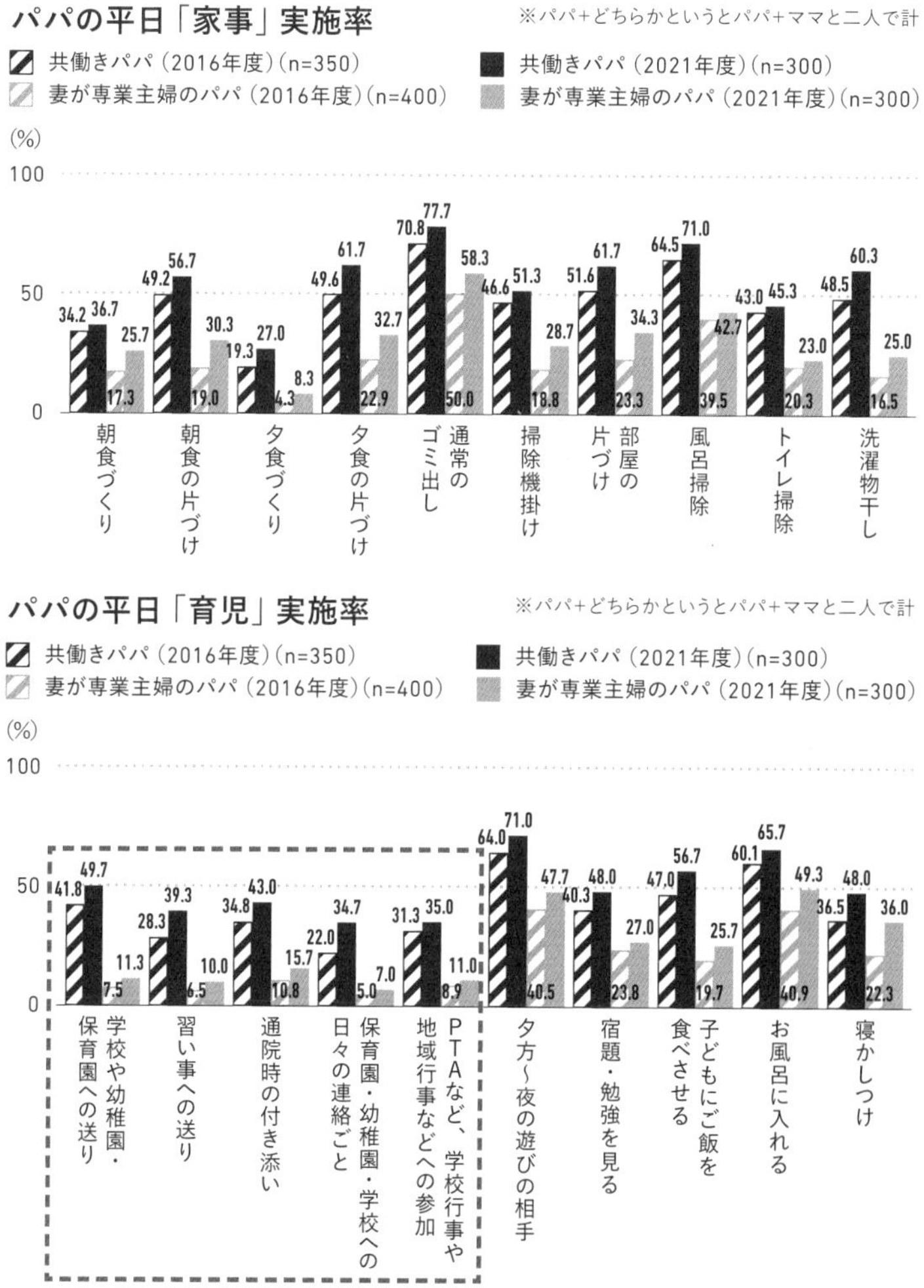

「共働き家族の実態調査」(2016年度)、「子育て家族に関する調査」(2021年度) より

「部屋の片づけ」「洗濯物干し」など、5年間で実施率が大きく伸び、6割以上となった家事項目が増加していることが判明しました。

「朝食づくり」は36・7%、「夕食づくり」は27%と、炊事への関与はまだ低いようですが、「共働きパパのうち、3人に1人は関与している」とも言えます。

育児への関わりを見ると、「夕方〜夜の遊びの相手」「お風呂に入れる」など、共働きパパで5年前も実施率の高かった項目がさらに上昇し、7割前後となっています。

特筆すべきなのは、「子どもの学校・習い事関連」の上昇です。「習い事への送り」「保育園・幼稚園・学校への日々の連絡ごと」などが、5年前と比較して10ポイント程度上昇しています。

これらの項目は、妻が専業主婦のパパでは実施水準は1割程度にとどまっており、ほとんど関与が見られません。共働きパパは、「家の中の家事育児」だけでなく、保育園や学校など、家の外でも積極的に育児に関わり、「共育て」化している実態が見えてきました。

イマドキファミリーの意識に「男女差」はない

また、「時間に余裕があるときは、できるだけ子どもと向き合うようにしている」は、

図48　共働きパパ・ママの育児意識・家事意識の変化

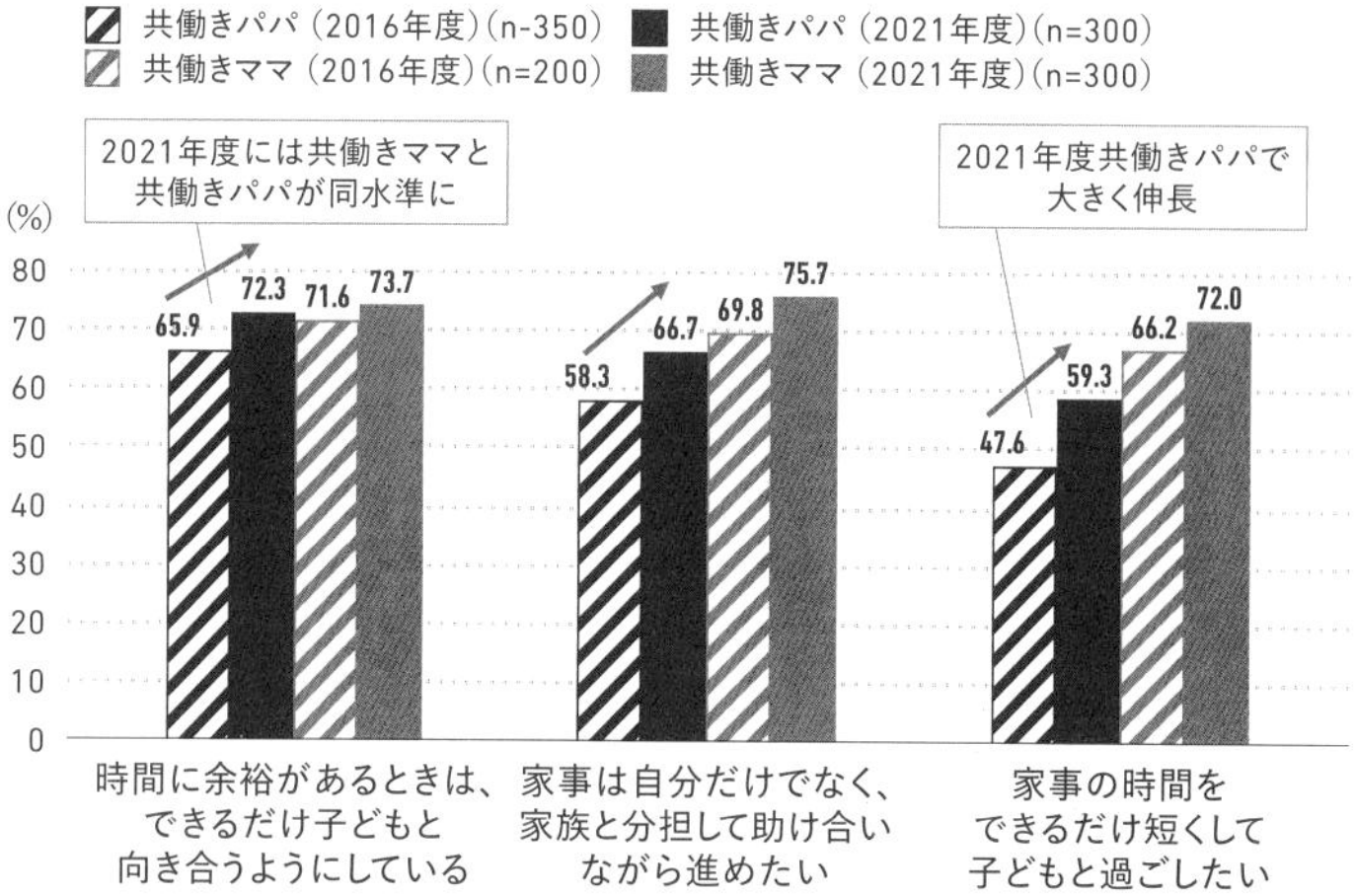

「共働き家族の実態調査」（2016年度）、「子育て家族に関する調査」（2021年度）より

２０１６年度の調査では共働きパパで65・9％と、共働きママ（71・6％）に比べやや低かったのですが、２０２１年度には共働きパパが72・3％と、共働きママ（73・7％）の水準に近づいていました（図48）。

さらに、「家事は自分だけでなく、家族と分担して助け合いながら進めたい」「家事の時間をできるだけ短くして子どもと過ごしたい」などの項目についても、２０１６年度調査から２０２１年度調査の５年間で、共働きパパで数値の伸びが見られました。

調査結果からも、家事や育児を「自分ごと」として捉える父親が、この５年間で増えていると言えます。

一般論として、「男性は家事や育児に対する意識がまだまだ足りない」と言われることも多いですが、少なくともイマドキの共働きパパは確実に「共育て」パパに変化しています。

イマドキ共働き夫婦「3パターン分類」

「家庭運営の分担」と「満足度」で大きく3つに分けられる

コロナ禍以降、テレワークの普及によって働き方も多様化しました。家庭で過ごす時間が増加したことによって、家族や仕事に対する意識や行動も変化が起こっているようです。その結果、同じ共働きでもさまざまな価値観や行動パターンが生まれています。そこでイマドキファミリー研究所は、子育て中の共働き夫婦について、家庭運営の分担とその分担に対する満足度をもとに、パターン分類を試みました（図49）。

図49 共働き夫婦の分類方法

1

家庭運営の「頭脳担当」は夫か妻か

- 家族のレジャーについて予定を立てる・考える
- 子ども関連のスケジュール・内容・情報について把握する
- それ以外の家族の生活について予定を立てる、考える

A 妻が担うことが多い
B 夫婦二人で同じくらいやっている
C 夫が担うことが多い

2

家庭運営の「実行担当」は夫か妻か

- レジャーの準備をする
- 子どもの世話・勉強を見るなど、日常的に子育てに関わる
- 日常の家事をする

A 妻が担うことが多い
B 夫婦二人で同じくらいやっている
C 夫が担うことが多い

×

3

上記の「役割分担」に対する満足度は？

A 満足
B 不満

※共働きママの回答を元に分類

「子育て家族に関する調査」(2021年度) より

〈夫婦パターンの分類方法〉

家庭運営として「レジャー／子ども関連／日常生活」それぞれについて、「家族のスケジュール等を把握する、予定を立てるといった頭脳担当」と「実際にレジャーの準備をする、家事・育児を行うといった実行担当」を夫と妻どちらが主に担っているか、その役割分担に対する満足度はどうかを聴取し、妻の回答をもとに分類。

その結果、イマドキの共働き夫婦（正規雇用）は大まかに3パターンに分類できると考えました。

パターン①対等な立場で支え合う「ダブルス夫婦」

日々の家事や育児などを二人で協力して行い、その役割分担にも満足している夫婦を、私たちは「ダブルス夫婦」（図50）と定義しています。

ダブルス夫婦は妻が36歳、夫が38歳と、調査対象者の中でもそれぞれの年齢が比較的若いのが特徴です。

夫の「子ども関連行事への参加」率も42・8％と高く、男性が積極的に育児に関わっている様子がうかがえます。また家事育児をどちらか一方がやるとは考えておらず、二人の役割として捉えています。まさに「共育て」夫婦です。

サポートし合うことで「親」としての役割だけに縛られず、「個」としてのお互いの自分の時間も尊重しているようです。夫婦ともに自分の時間を大事にする傾向があり、「休日は自分の時間を作って楽しみたい」と回答する人が60％にのぼりました。「配偶者は頼れるパートナー」という意識も81・7％と非常に高い結果です。

家事育児ではあうんの呼吸でお互いをフォローし合い、自分が楽しむことも忘れない「ダブルス夫婦」は、信頼関係によって成り立っていると言えます。

パターン②一見妻に偏る家事育児。でも不満はない「主役ママと裏方パパ」

家庭運営の主役は妻が担うものの、夫も縁の下の力持ちとして的確にサポートする「主役ママと裏方パパ」夫婦（図51）。

このパターンは家庭運営の頭脳担当も実行担当も妻なので、一見妻だけに家庭の負担が偏っているように思えます。しかし、妻自身はこの役割分担に満足しているのが大きな特徴です。

その背景には夫の「学校や幼稚園・保育園への送り」（40・9％）、「寝かしつけ」（25・7

%）などの、育児への関与が比較的高いことが挙げられます。

一方、妻が平日毎日料理する割合は66・7%で、レトルト食品の利用率も高いという特徴があります。「毎日料理を手づくりするべき」という概念に捉われず、便利な商品やサービスを適度に取り入れながら、上手に労力を省いている様子がうかがえます。

家族で一緒に過ごす時間を大切にしている点も特徴です。「休日はアクティブに過ごしたい」という意識も75・3%と高い結果でした。

妻の効率的な実行力によって、妻自身がストレスを抱えすぎないこと。さらに夫が育児に積極的に関わることで妻からも信頼が得られ、家族円満にもつながっているようです。

パターン③「献身ママのワンオペ夫婦」は妻が不満を溜めている

最後に紹介するのは、妻だけに負担が偏っている、いわゆる「ワンオペ」ママ家庭です（図52）。多くの育児において、夫に担当してもらえる割合が低く、妻はさまざまなことに不満を感じています。また、妻から夫に対する「子どもの親」としての評価が低いのも特徴です。夫に対して「配偶者は頼れるパートナー」という意識も43%と低く、困っているときにも助けてもらえないと感じている様子です。

妻の平日毎日料理する割合が82・3％と高く、休日も炊事時間が97・2分とほかの分類より20分以上長いこと、また、レトルト食品の週1以上利用率が20％と低いことから、「家族のために食事は毎日手づくりしたい」という意識が高いことがわかります。

また「自分の趣味や休息より子どものことを優先」（83・5％）しており、それによるストレスも感じています。

家族のために献身的に尽くしている妻に対して、家事育児は妻任せの夫という、二人のスタンスのギャップが大きい夫婦です。

ダブルス夫婦が「共働きの新定番」になる

私たちは、この3パターンの中でも、特に「ダブルス夫婦」について注目しています。ダブルス夫婦は「妻が30代以下」の比較的若い層の構成比が高く、男性の育休取得率も4割と非常に高い点が特徴です。

今後、男性の育休取得率が増加すると、このようなダブルス夫婦が共働き・共育てファミリーの新定番スタイルになっていくのではないかと考えています。

図50

Pattern.1

個人の時間も大切にする

ダブルス夫婦

家庭運営はフォローし合いながら乗り切るダブルス戦
互いの個人の時間も大切に

共働き夫婦の分類結果

❶家庭運営の「頭脳担当」	二人で
❷家庭運営の「実行担当」	二人で
❸ママの「満足度」	満足

イマドキ共働き夫婦構成比

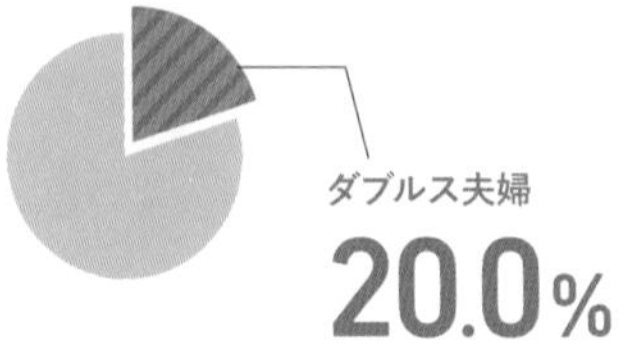

特徴・実態

※全て妻の回答を元に作成（n=60）

幸福度	一人っ子率	世帯年収	ママの平均年齢	ママの30代以下構成比	パパの平均年齢	パパの30代以下構成比	パパの育休取得率
93.3%	58.3%	1280万円	36歳	70.0%	38歳	55.3%	40.0%

家事・仕事・子ども意識

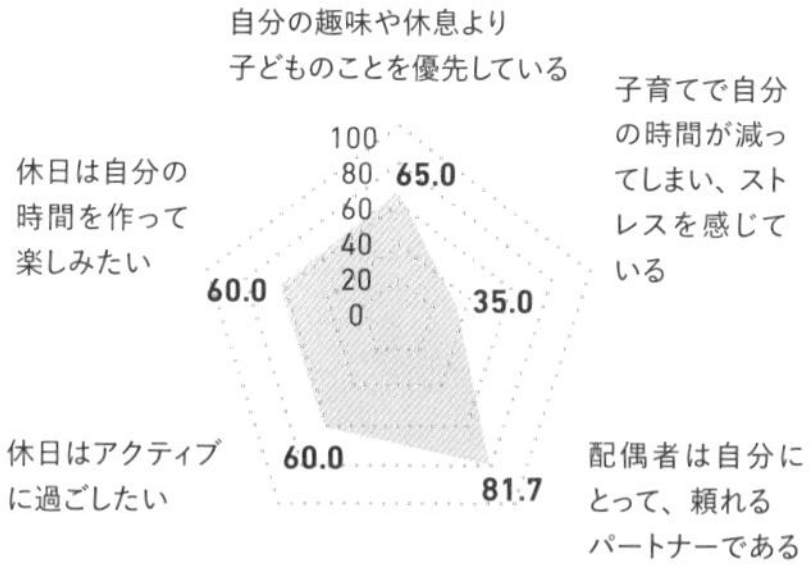

炊事関連

平日毎日料理する割合	レトルト食品週1以上利用率
70.0%	26.9%

平日の炊事時間	休日の炊事時間
60.0分	74.0分

平日のパパの家事担当率

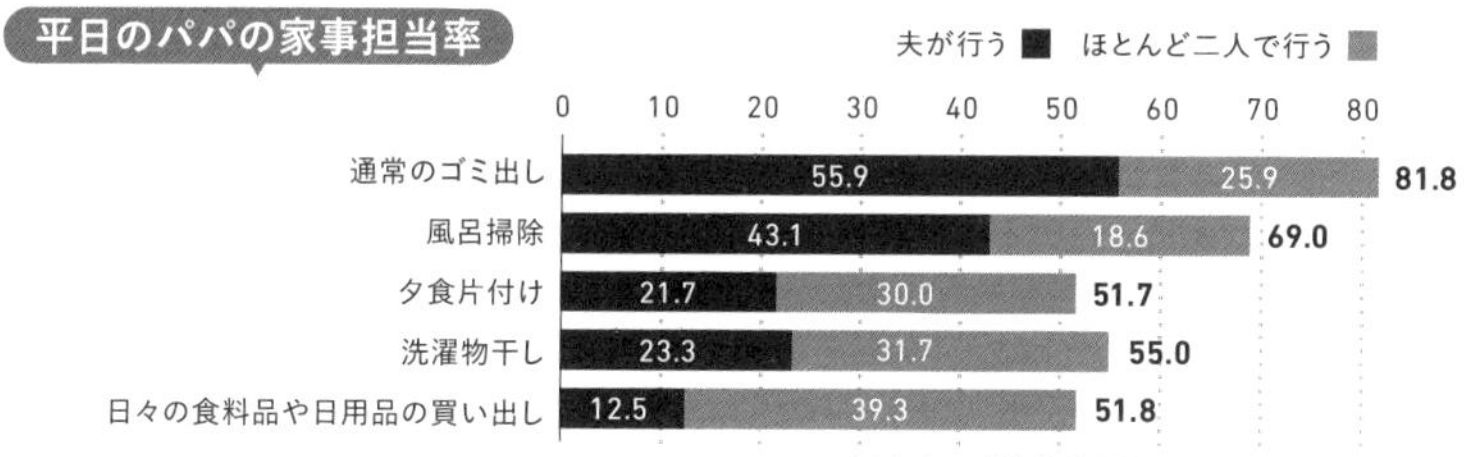

※家庭で当該家事を行っている人ベース

平日のパパの育児担当率

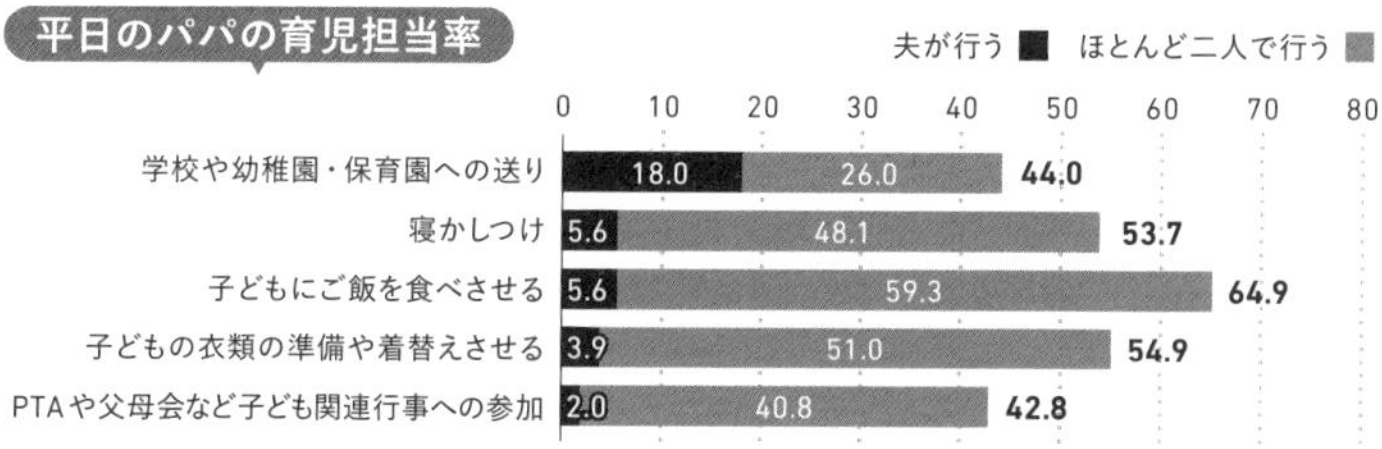

※家庭で当該育児を行っている人ベース

「子育て家族に関する調査」（2021年度）

図51

Pattern.2

主役ママと裏方パパ

家庭運営はママが主役
パパは縁の下の力持ちで、育児参加で信頼関係もあり

共働き夫婦の分類結果

❶家庭運営の「頭脳担当」	ママ
❷家庭運営の「実行担当」	ママ
❸ママの「満足度」	満足

イマドキ共働き夫婦構成比

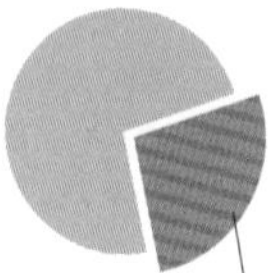

特徴・実態

※全て妻の回答を元に作成（n=81）

幸福度	一人っ子率	世帯年収	ママの平均年齢	ママの30代以下構成比	パパの平均年齢	パパの30代以下構成比	パパの育休取得率
92.6%	51.9%	1197万円	38歳	60.5%	39歳	55.5%	22.2%

家事・仕事・子ども意識

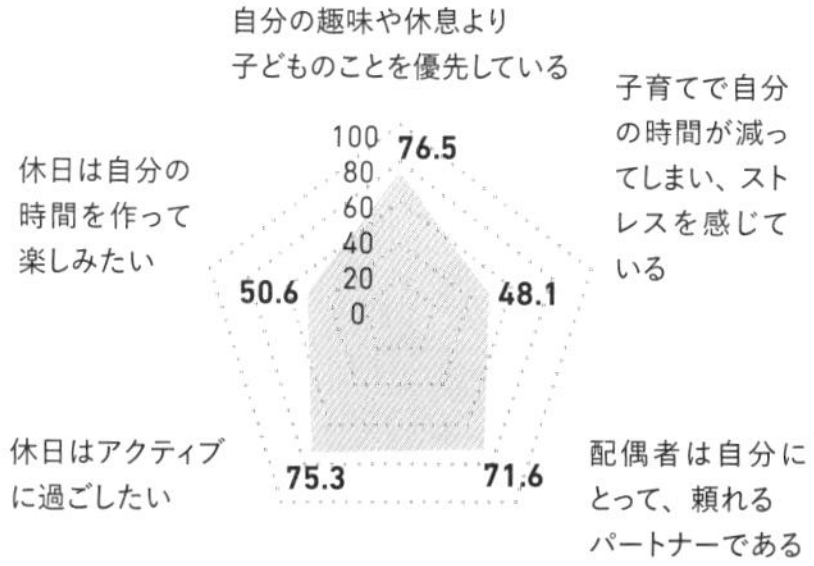

炊事関連

平日毎日料理する割合	レトルト食品週1以上利用率
66.7%	30.9%

平日の炊事時間	休日の炊事時間
55.1分	71.3分

平日のパパの家事担当率

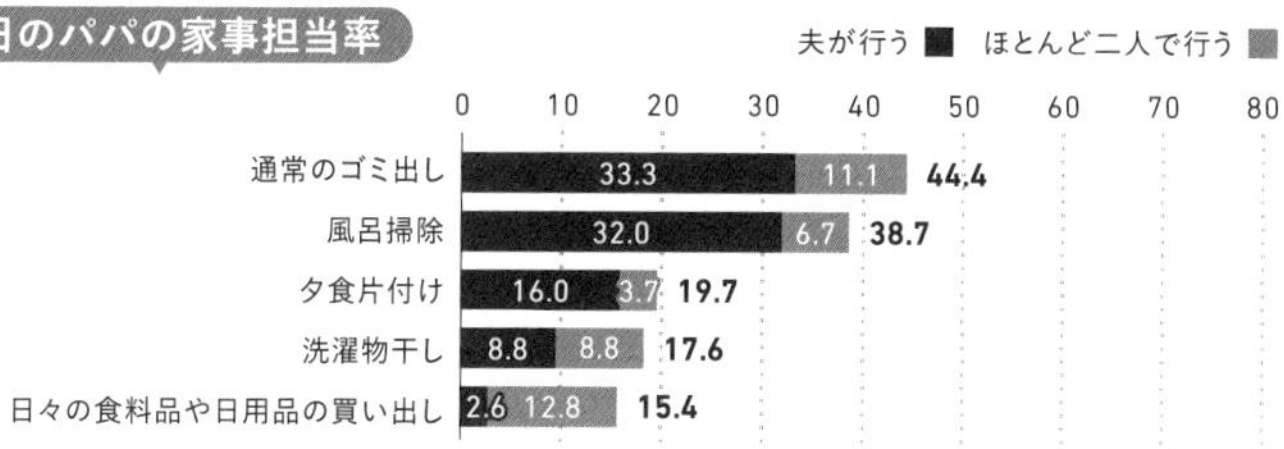

※家庭で当該家事を行っている人ベース

平日のパパの育児担当率

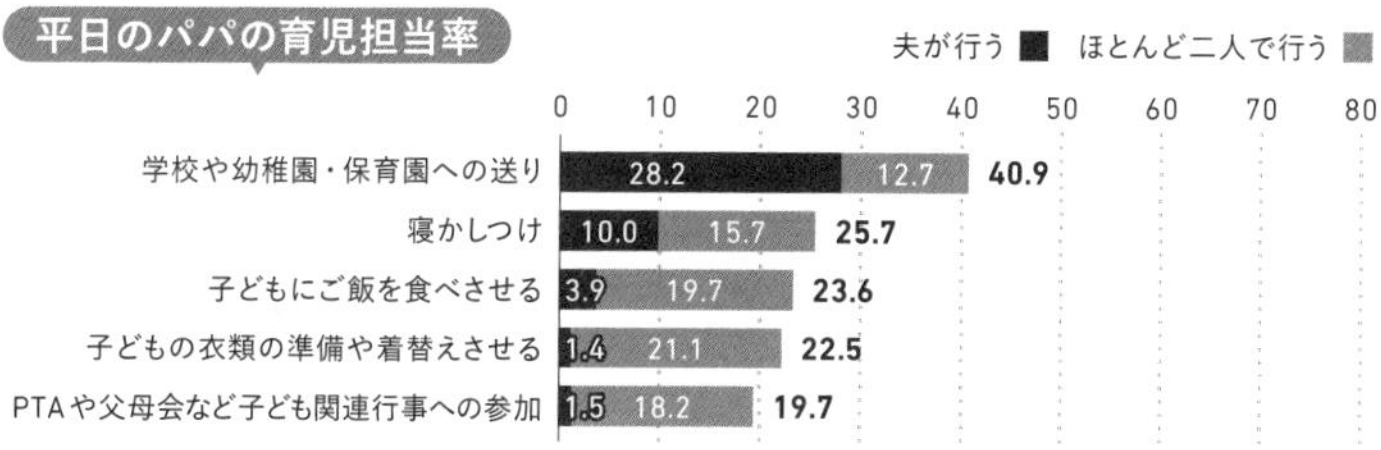

※家庭で当該育児を行っている人ベース

「子育て家族に関する調査」（2021年度）

図52

Pattern.3

献身ママのワンオペ夫婦

家庭運営はママ任せ
パパは家事も育児もママ任せで、ママは不満を抱える

共働き夫婦の分類結果

❶家庭運営の「頭脳担当」	ママ
❷家庭運営の「実行担当」	ママ
❸ママの「満足度」	不満

イマドキ共働き夫婦構成比

特徴・実態

※全て妻の回答を元に作成（n=79）

幸福度	一人っ子率	世帯年収	ママの平均年齢	ママの30代以下構成比	パパの平均年齢	パパの30代以下構成比	パパの育休取得率
68.4%	**48.1**%	**1184**万円	**40**歳	**45.5**%	**41**歳	**41.8**%	**25.3**%

家事・仕事・子ども意識

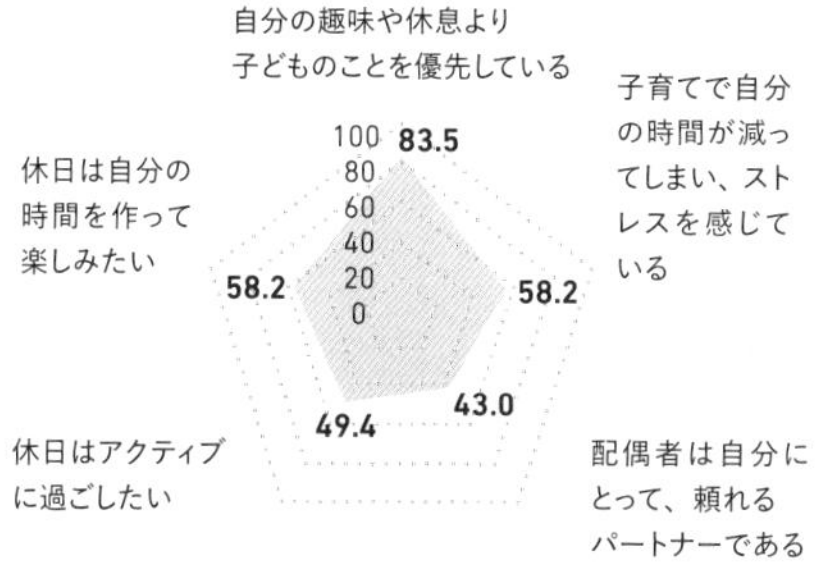

炊事関連

平日毎日料理する割合	レトルト食品週1以上利用率
82.3%	**20.0**%

平日の炊事時間	休日の炊事時間
70.0分	**97.2**分

平日のパパの家事担当率

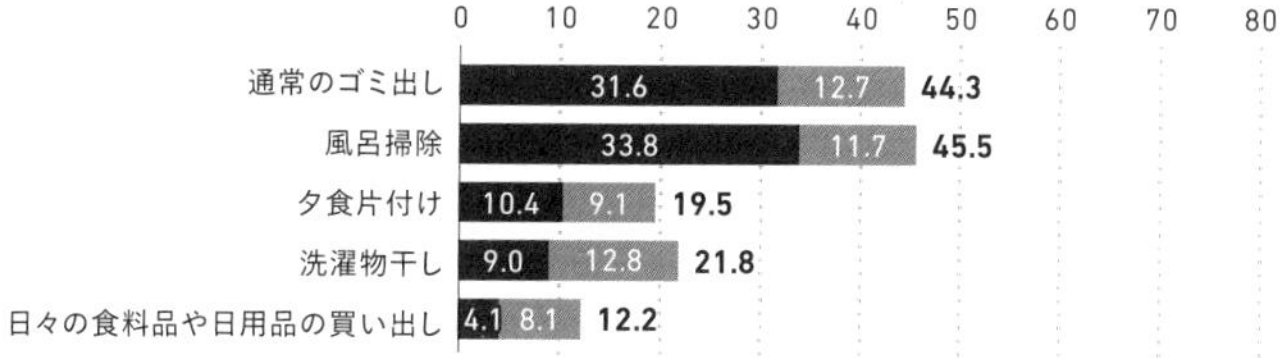

※家庭で当該家事を行っている人ベース

平日のパパの育児担当率

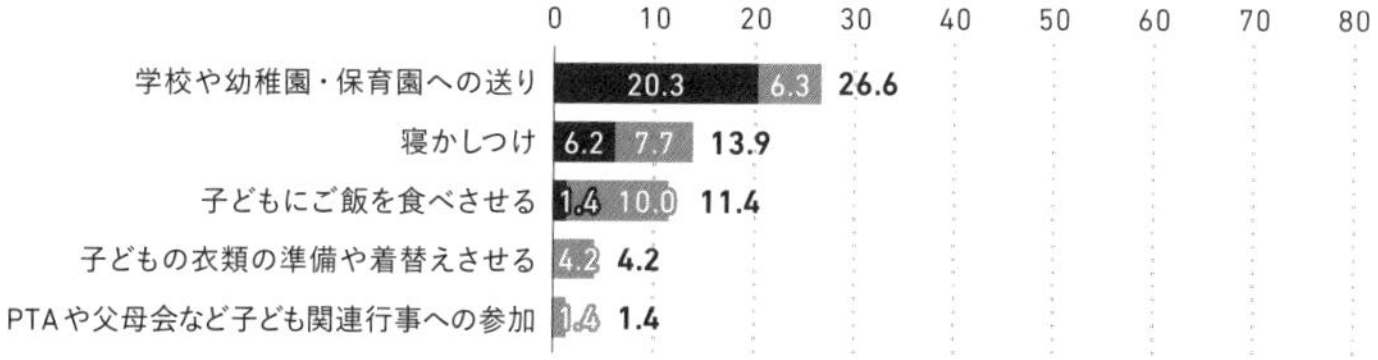

※家庭で当該育児を行っている人ベース

「子育て家族に関する調査」（2021年度）

これからの共働き夫婦像「ダブルス夫婦」

「どちらがより稼いでいるか」は関係ない

ここからはダブルス夫婦の中でも「夫が育休を取得した世帯」にフォーカスして、今後の家族像について考えていきたいと思います。

育休を取得した男性（以下ダブルスパパと呼びます）は、家事や育児についてどんな意識を持っているのでしょうか。「ダブルス夫婦に関する調査」（2022年度。以下、ダブルス夫婦調査）では、「男女関係なく家事や育児もするのが当たり前だと思う」と回答したダブルスパパが57%でした。旧来の男性、女性の役割に捉われず、夫婦が対等な立場で家事育児に取り組む姿勢であることが見て取れます。

図53　ダブルスパパの家事育児意識

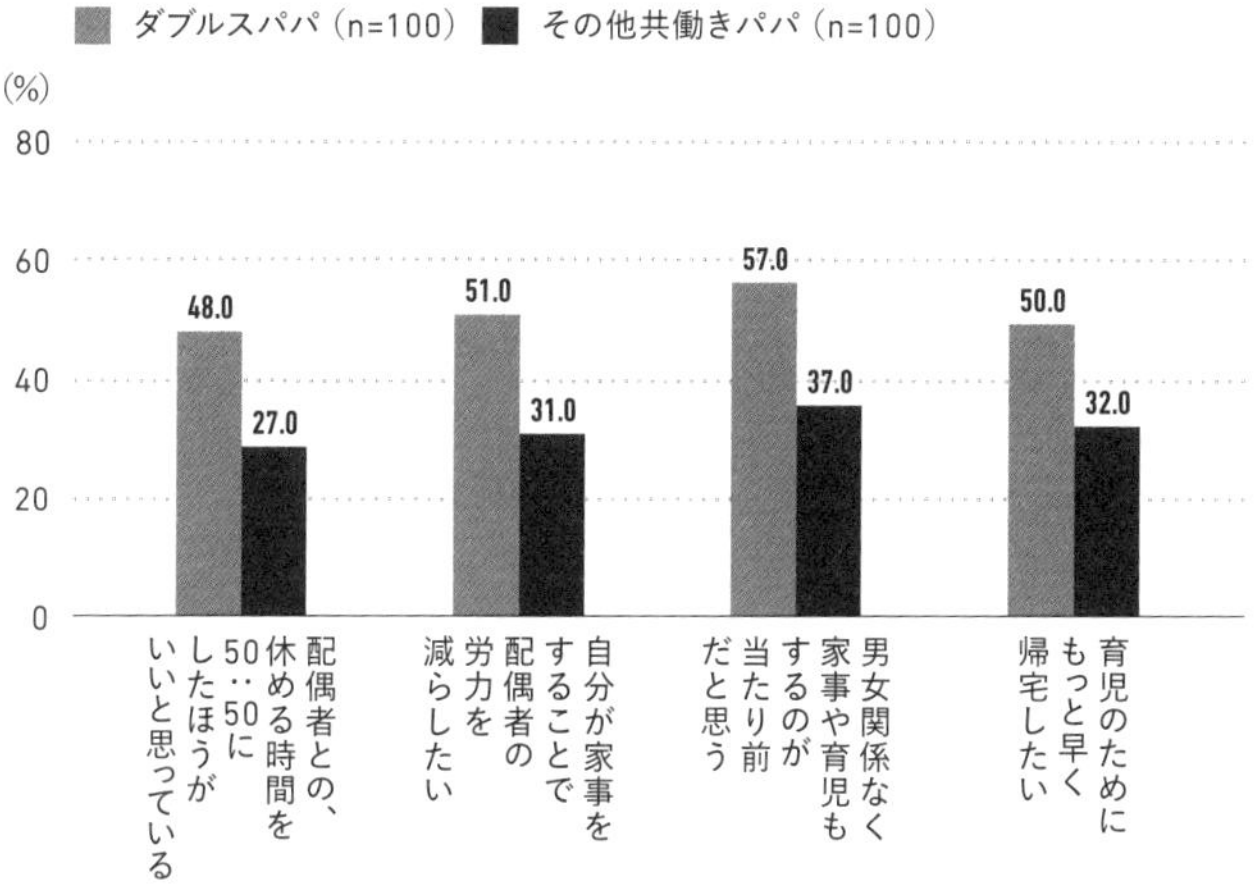

「ダブルス夫婦に関する調査」（2022年度）

さらに、「配偶者との、休める時間を50：50にしたほうがいいと思っている」「自分が家事をすることで配偶者の労力を減らしたい」「育児のためにもっと早く帰宅したい」といった意識が、その他[*1]の共働きパパよりも高いのも特徴的です。

また、夫婦それぞれの就労時間に差があったとしても、同程度の休息時間を取りたいという意識を持っています。「稼いでいる人」「仕事が忙しい人」が優先されるべきという意識はありません。むしろ、自身が仕事で忙しい分、妻に家事育児の負担をかけてしまっていると感じている

＊1　この章での「その他の共働きパパ」「その他の共働きママ」は、ダブルス夫婦以外の共働き夫婦（夫が育休未取得者）を指す

人が多いようです。

育休後も育児に主体的でありたいと考える「自立型」のダブルスパパたち

こうした意識は、育休取得によって、乳児を抱えながら家事をこなす生活を実際に体験したことから生まれているようです。

「ダブルスパパへのデプスインタビュー調査」（2022年度。以下、パパインタビュー調査）では、育休を取得したダブルスパパから、次のような感想を聞くことができました。

- **ワークライフバランスを考えるようになった**

子どもとの時間をもっと増やして、育児に協力するべきだと実感した。復職後も家にいる時間を増やすために、仕事のやり方を変えて帰宅時間を早める必要があると感じた。

- **「妻一人が育児を担うのは無理」と実感**

妻一人が育児を担うのは、かなり大変なことだと実感した。

●「子どもの成長」と「妻の大変さ」を肌で感じた

育休を取ったことで、子どもと触れ合う時間が大切だと身にしみて感じた。また、普段から家事育児を妻に任せてしまうことが多かったので、その大変さを体験できたのは自分にとって良かったと思う。

続いて、育休期間を経たことで育児に対する意識がどう変化したのかを示す、実際の声を紹介します。

●子どもに触れ合う時間を増やしたいと思うようになった

子どもをお風呂に入れる時間は、自分にとって大事な「触れ合いのひととき」。子の成長を身近に感じられる喜びを得たので、これからも続けていきたい。

●家事育児は率先して自分がやるべきだと感じた

妻は出産後、体調が戻るまでが特に大変そうだった。家事も育児も、自分が率先してやるべきだと感じた。

●子どもと一緒に料理する楽しみを知った

ホットサンドメーカーで朝食をつくったところ、上の子が喜んでくれた。子どもが手伝ってくれることもあり、父子で料理する楽しさを覚えた。

インタビューからは、育休取得をきっかけに育児への主体性が芽生えた様子が確認できます。さらに「子どもに触れ合う時間をこれからも増やしたい」「家事を子どもと一緒に楽しみたい」という声もありました。

これらの声からも、ダブルスパパは家事育児に対して、「やらされ型」ではなく、「自立型」であると言えます。

またダブルス夫婦の妻（以下、ダブルスママ）にとって、夫が一部の家事育児のみ「手伝う」のではなく、「家庭運営の責任」そのものを託せる相手であることが、ストレスや負担感の軽減につながっていくと考えます。

図54 共働きパパ予備軍の将来の育休取得に対する意識

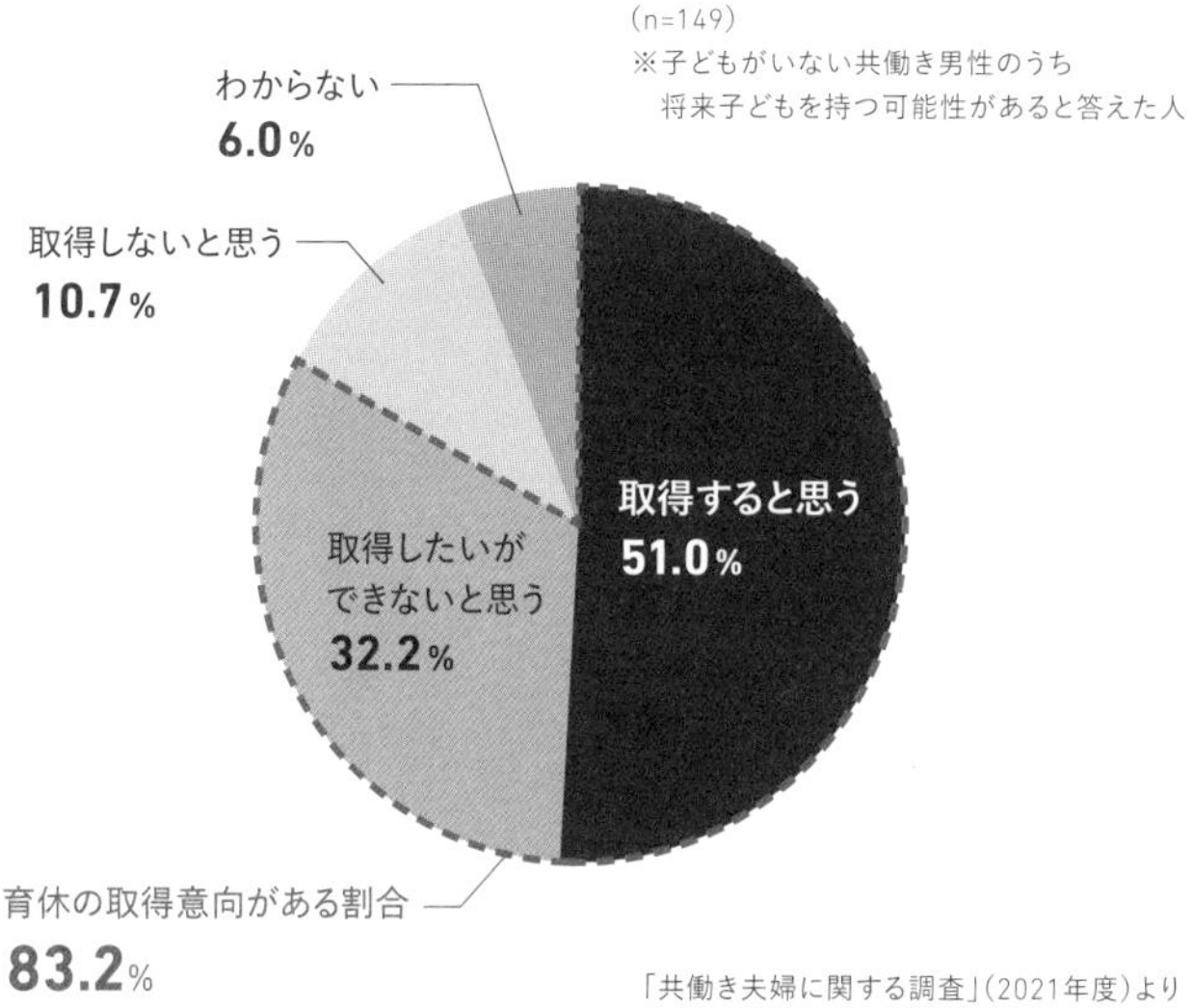

「共働き夫婦に関する調査」(2021年度)より

大企業で増加するも、全国的には男性の育休取得率は低い

育休取得によって男性の行動も意識も大きく変化していますが、「令和4年度雇用均等基本調査」(厚生労働省)によると、男性の育休取得率は17・1%です。

また、「令和5年度男性の育児休業等取得率の公表状況調査」(厚生労働省)では、1000人超規模の企業の男性従業員のうち、46・2%が育休を取得したと発表されましたが、大企業が増加傾向にある一方で、中小企業は依然として低い取得率であることが推測されます。

育休を取得する男性は、まだまだ少数派なのです。

「将来、育休を取得したい」と答えた男性は8割超

当研究所は、子どものいない共働き夫婦のうち、将来子を持つ可能性があると答えた男性（首都圏在住）を、「共働きパパ予備軍」として、今後の子育て意向などを聴取しています（「共働き夫婦に関する調査」、2021年度）。

その結果、現時点で子どもはいないものの、将来「育休を取得すると思う」と考える男性は首都圏で51％と半数を超えました（図54）。また、「育休を取得したいができないと思う」と合わせた「育休の取得意向がある割合」は83・2％と、非常に高い結果となりました。

現在の取得率と今後の育休取得意向の割合に乖離があることが課題ではありますが、制度の拡充や浸透によって「ダブルス夫婦」は今後着実に増加していくことでしょう。

育休取得後の男性は炊事にも積極的

ところで、育休による価値観の変化で家事育児が「自立型」になったダブルスパパは、具

図55　ダブルスパパの食事づくりの下ごしらえ実施率

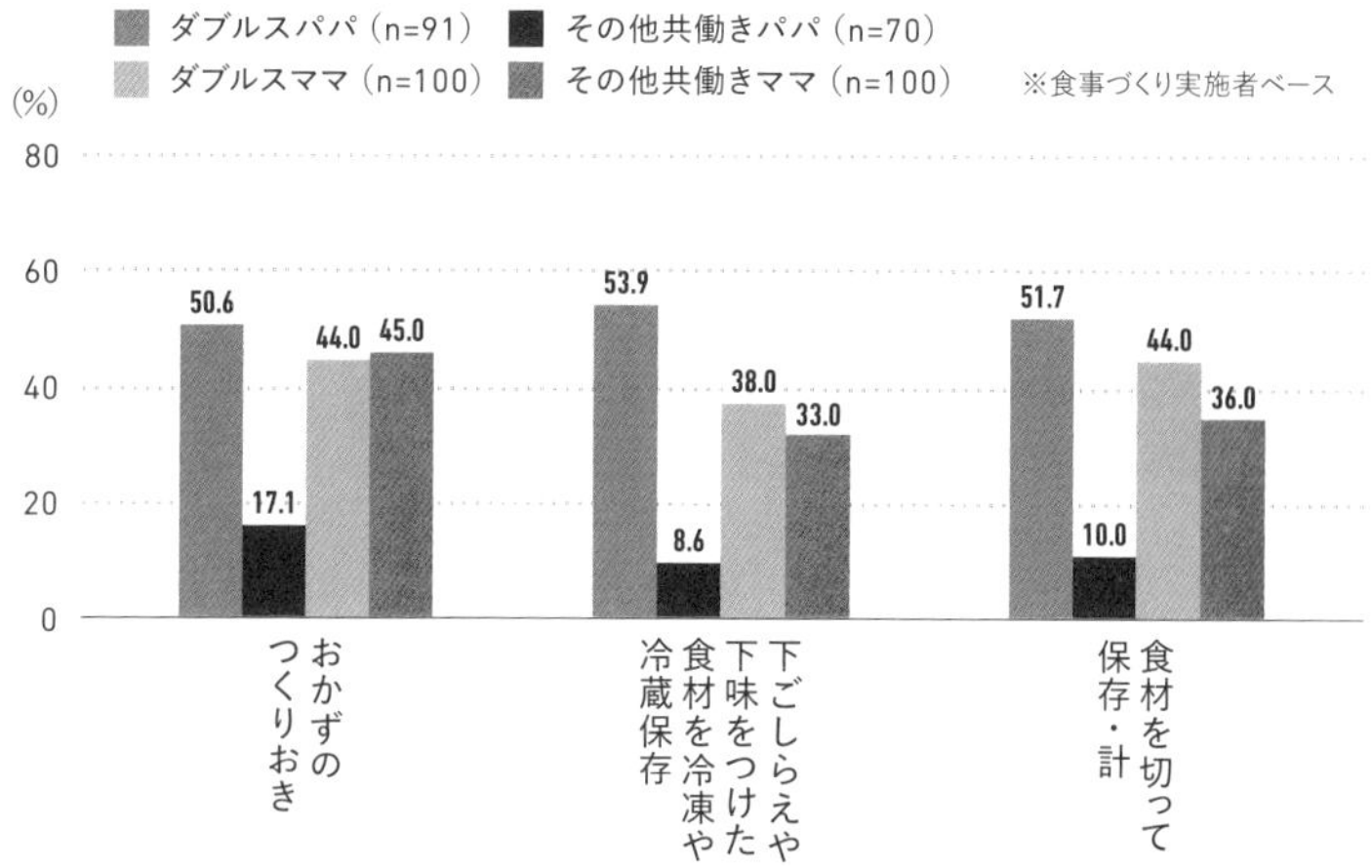

「ダブルス夫婦に関する調査」（2022年度）

体的にどのように家事をこなしているのでしょうか。

ダブルス夫婦調査（2022年度）によると、「家事はタスクとして効率的・合理的に取り組みたい」「家事や炊事についてはは、あまり考えずにルーティーンでまわるようにしたい」と回答した人が、ともに51%いました。実に半数以上のダブルスパパが、家事の合理化や第3章で紹介した「考えない戦略」を実践しているのです。

平日の家事実施率では、朝食づくりが54%、夕食づくりが49%と、炊事に積極的なのが特徴です。本章の冒頭で紹介した共働きパパ全体の炊事実施率と比較しても、かなり高い水準となります。

図56　ダブルスパパの料理に対する意識

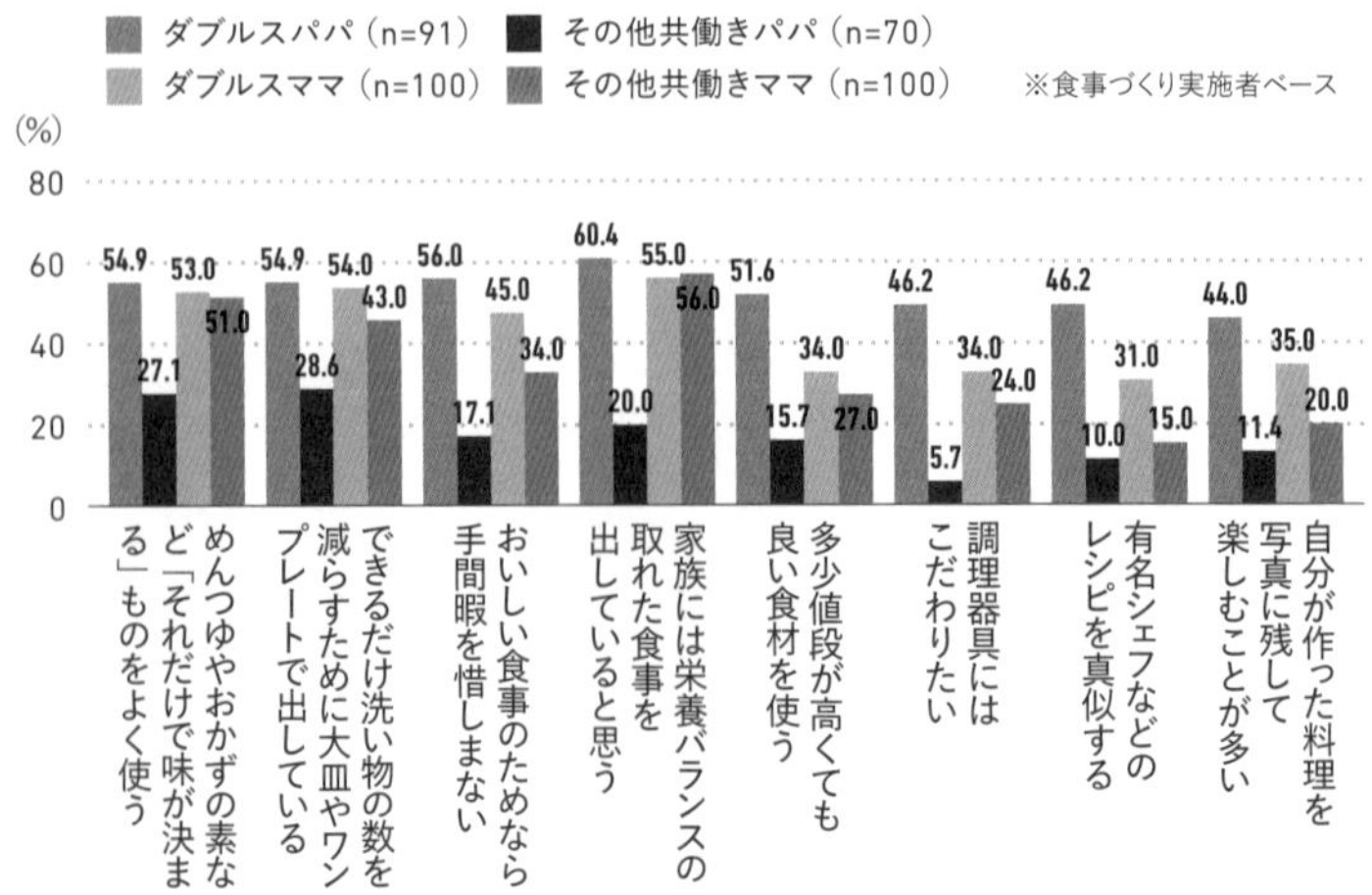

「ダブルス夫婦に関する調査」（2022年度）

月に2～3回つくりおき、下ごしらえする人が半数以上

さらに、「おかずのつくりおき」「下ごしらえ」等を月に2～3回以上行っている割合はいずれも半数以上（図55）。ダブルスママが「つくりおき」44％、「下ごしらえ」38％であることと比較しても、高い数値と言えます。日々の食事づくりを少しでもラクにするために段取りまで考える点は、まさに家事に対して自立型であることの表れではないでしょうか。

「料理そのものを楽しみたい」ダブルスパパが多数派

では、ダブルスパパが炊事をする上で、

どんなことを意識しているのでしょうか。

ダブルス夫婦調査（2022年度）からは、「めんつゆやおかずの素を使う」「洗い物の数を減らしたい」という合理化、簡便化の意識や、「栄養バランスの取れた食事を出す」など、家族の健康を気遣う意識が、妻と同等の高さであることが明らかになっています（図56）。

一方で、「おいしい食事のために手間暇を惜しまない」「多少値段が高くても良い食材を使いたい」「調理器具にはこだわりたい」「有名シェフのレシピを真似する」「料理の写真を残して楽しむ」などの回答が、ダブルスママやその他の共働きママと比較して高くなりました。これは「料理する工程そのものも楽しみたい」「料理自体の完成度を高めたい」という意識の強さの表れと言えます。

「料理は妻の役割」「家庭の味＝母の料理」と思い込んでいる人も未だに少なくないかもしれませんが、父親が料理をする機会が増えてくることで、炊事に対する固定観念もなくなってくるかもしれません。

「つくりおき」「時短調理」派も「ミールキット」派もいる

ここからは、パパインタビュー調査（2022年度）で「料理が得意で自分が炊事を担当することも多い」と答えたダブルスパパの声を紹介します。

●土日にまとめてつくって冷凍

週末に一週間分まとめてご飯を炊いたりみそ汁を作ったりして冷凍しておく。そのほかにハンバーグ、肉じゃが、中華系の炒めものなどもつくりおきしている。

●調理の同時並行を意識

自動調理鍋や保温調理鍋、電子レンジを活用。カレーは保温調理鍋でつくったりトウモロコシも電子レンジで加熱したりすると、その間にガスコンロを別の調理に使えるので便利。

この二人はもともと料理が好きで自信があると答えた人たちでしたが、時短や効率も意識していることがコメントからも想像できます。
また、「夫婦ともに料理が得意ではない」「料理するのが好きではない」という男性からは次のような話が聞けました。

●ミールキットを活用。ほかのアウトソーシングも興味あり
レシピと食材がセットになったミールキットはたまに使っている。プロの料理人の出張などで本当においしいものを家でつくってもらうサービスも使ってみたいと思っている。

夫婦ともに苦手意識の強い家事を、便利なサービスを積極的に取り入れて解決している姿が見受けられました。

「得意・不得意」「好き嫌い」で役割分担するダブルス夫婦

料理が得意な夫が食事づくりを担当するといったように、家事の役割分担を「得意・不得意」「好き・嫌い」といった観点で決めているのがダブルス夫婦の特徴です。こうした考え方が根底にあるため、お互い気が進まない家事はアウトソーシングを検討するなど、合理的な解決方法を選んでいるようです。

また、家事の役割分担が決まるまでの経緯も、ダブルス夫婦とその他の共働き夫婦との間では異なっていました。

ダブルスママは「配偶者がすすんでやってくれたので」という回答がもっとも高い（ダブルスママ23・2％、その他の共働きママ12・8％）のに対し、その他の共働きママは「配偶者がやらないので」という回答が高くなる（その他の共働きママ31・4％、ダブルスママ14・3％）という点も、夫婦の関係性を暗に示しているデータです。

お互いが苦手なことは無理強いしない

2022年のパパインタビュー調査でも、先ほどの調査結果を裏付けるような話が聞けました。

●お互いの「好き嫌い」で役割分担しているので、揉めない

妻は料理が、私は洗い物が好きではない。それで自然と「嫌いではないほうを担当する」という役割分担が決まった。家事の分担で衝突することは、ほぼない。

●それぞれの生活リズムに合わせた家事分担

早起きなこともあり、自分が朝ごはんの準備を担当。帰宅時間が早い妻が洗濯物を取り込むなど、生活リズムに合わせた役割分担をしている。

●交際時から「得意・不得意」で役割分担

結婚前から一緒に住み始め、その際にお互いの得意・不得意で役割分担を決めた。妻が料理は苦手なので、食事づくりは私の担当。この分担は今も継続。

苦手なことを無理にがんばる必要はない。夫婦がお互いに無理強いをしてない「対等な関係」であることが伝わってきます。

図57 ダブルスママ・その他共働きママの好きな家事と実施率

ダブルスママ

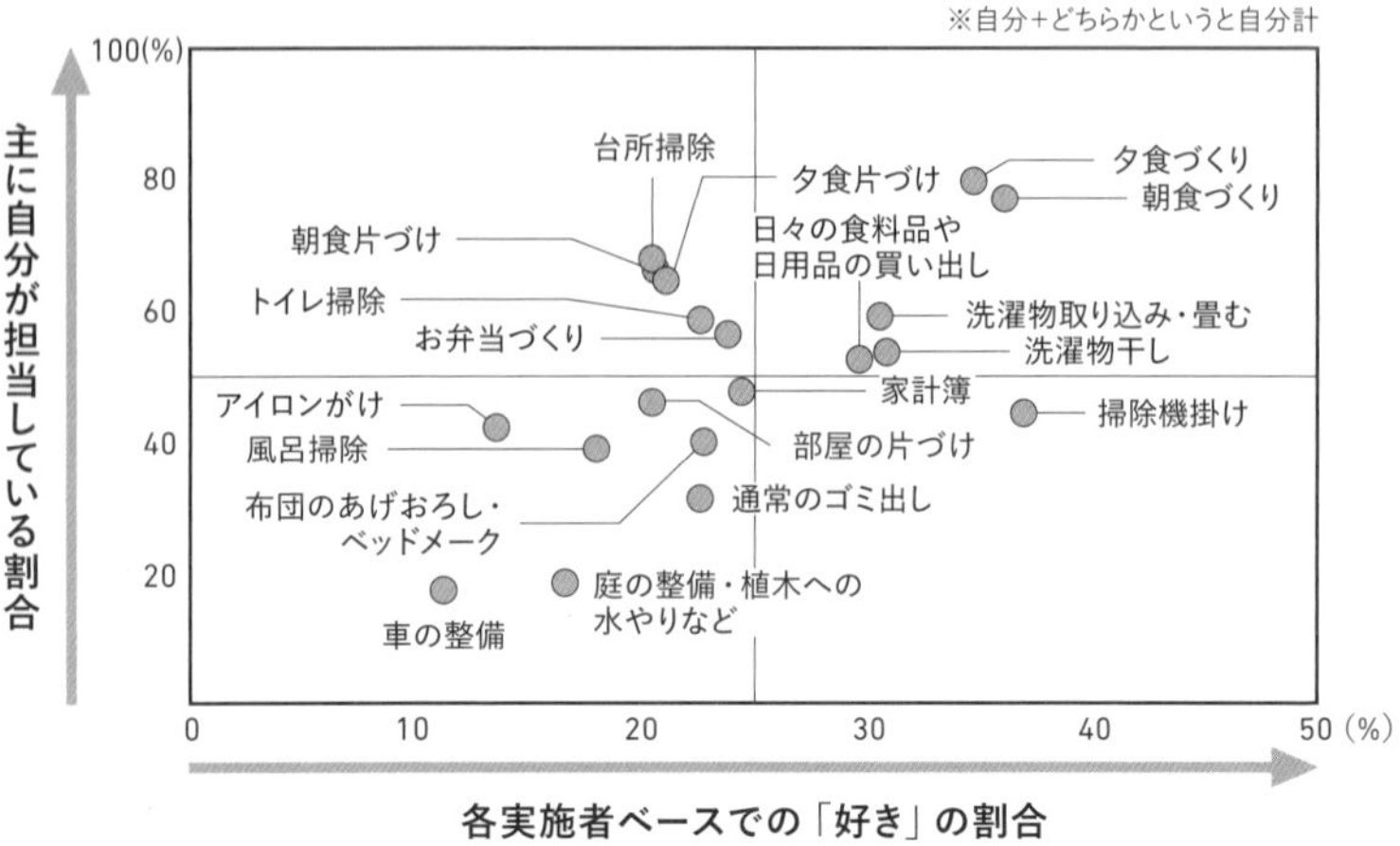

その他共働きママ

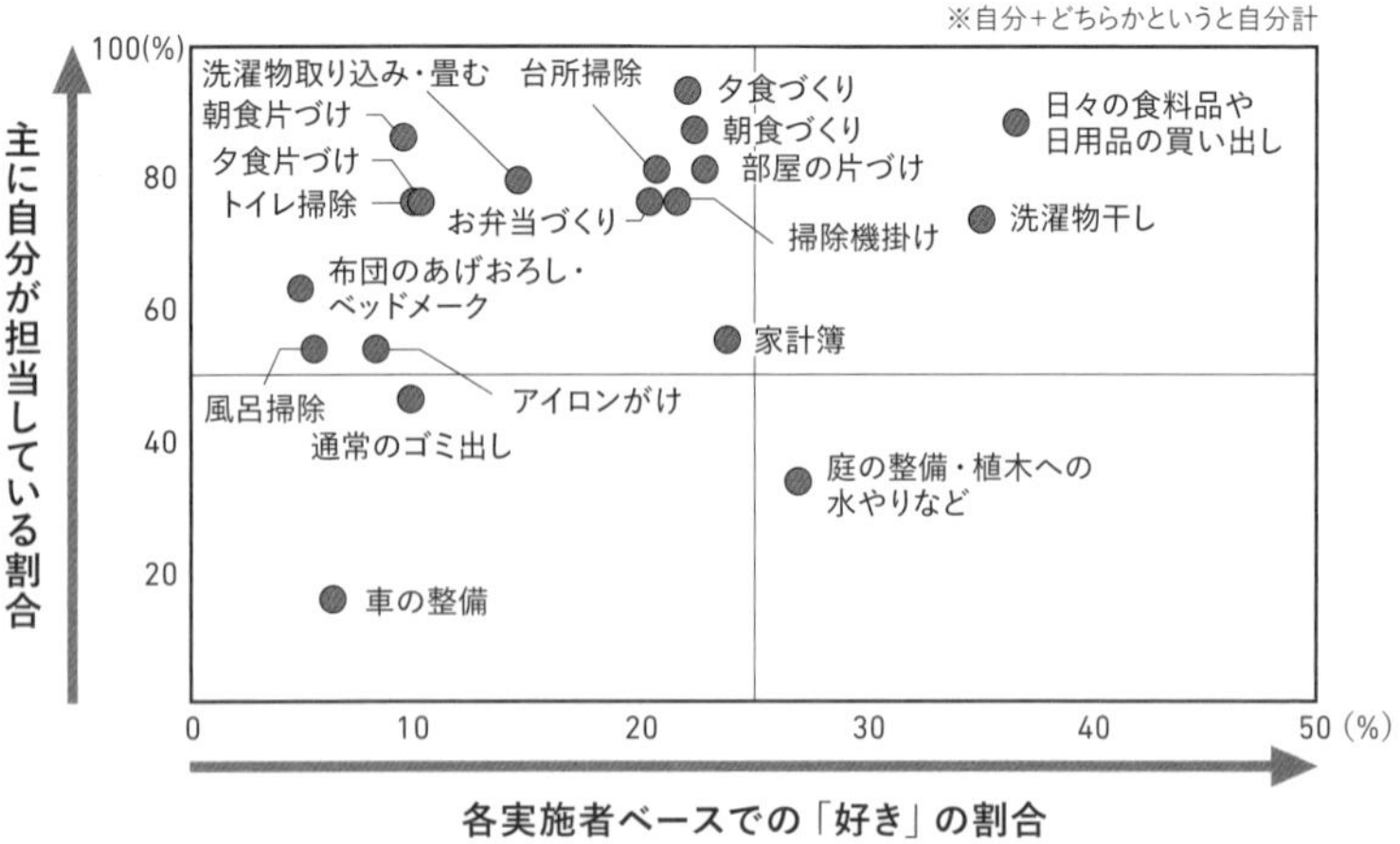

「ダブルス夫婦に関する調査」(2022年度)

ダブルスママは「担当している家事が好き」な割合が高い

育休取得をきっかけに夫が家事や育児に主体的になってきたことで、妻の気持ちはどのように変わってくるのでしょうか。

夫が家事を担当することで、妻の家事の実施率は相対的に下がります。さらに、役割分担をする際に「好き・嫌い」や「得意・不得意」という観点で行っていることから、共働きママが主に自分がやっている家事を「好きな割合」と掛け合わせて分析しました（図57）。

これを見ると、ダブルスママの場合、主に自分が担当している家事のうち、7割を超えるのは「朝食づくり」「夕食づくり」ですが、いずれもその家事が好きだと答えた割合が4割近くになっています。その他の項目でも、担当している割合と好きだと答えた割合にゆるやかな正の相関があることがわかります。

それに対し、その他の共働きママの回答は左上の象限に集中しています。つまり、好きではないのに行っている家事がとても多いのです。

好きでもない家事を無理に行うことで、どれだけストレスが溜まるのかは容易に想像できます。そう考えると、夫の育休を経て家事育児の役割分担がはっきりと分かれている家庭の場合、妻は良い意味で家事に対する気負いがなくて済むのではないでしょうか。

育休取得がパパにもたらす意識変化

ここからは、ダブルス夫婦の消費や暮らしに対する意識に触れていきます。

図58は、共働きパパに「暮らしに対する意識」を聞いた結果です（「ダブルス夫婦調査」、2022年度）。

ダブルスパパは「おうち時間」が好き

ダブルスパパは、「仕事をしているときではなく、家族でいる時間のほうが自分らしくいられる」「心地良い暮らしのために、住環境をできるだけ整えたい」「自分が家事をすることで暮らしを心地良くしたい」と感じている割合がいずれも5割を超え、その他の共働き

図58 ダブルスパパの暮らしに対する意識

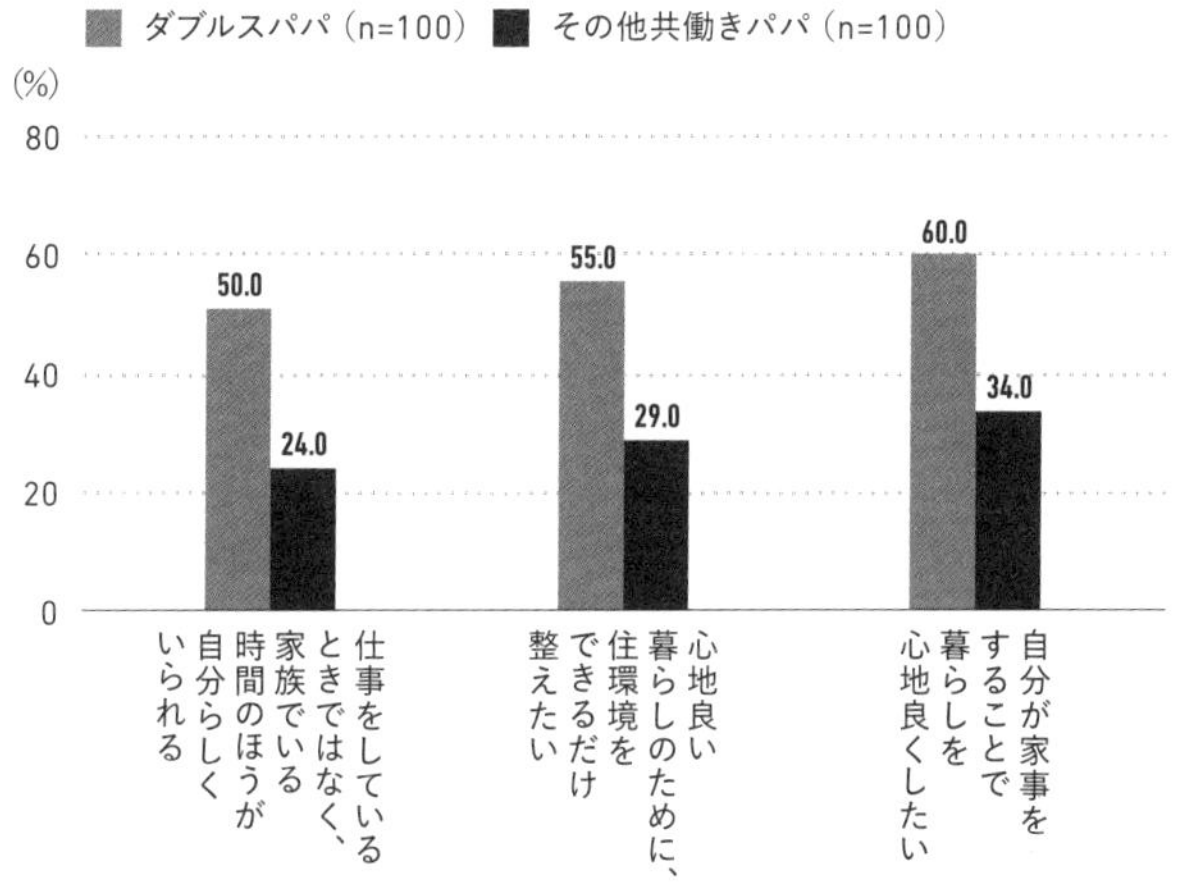

「ダブルス夫婦に関する調査」（2022年度）

図59 ダブルスパパの消費意識

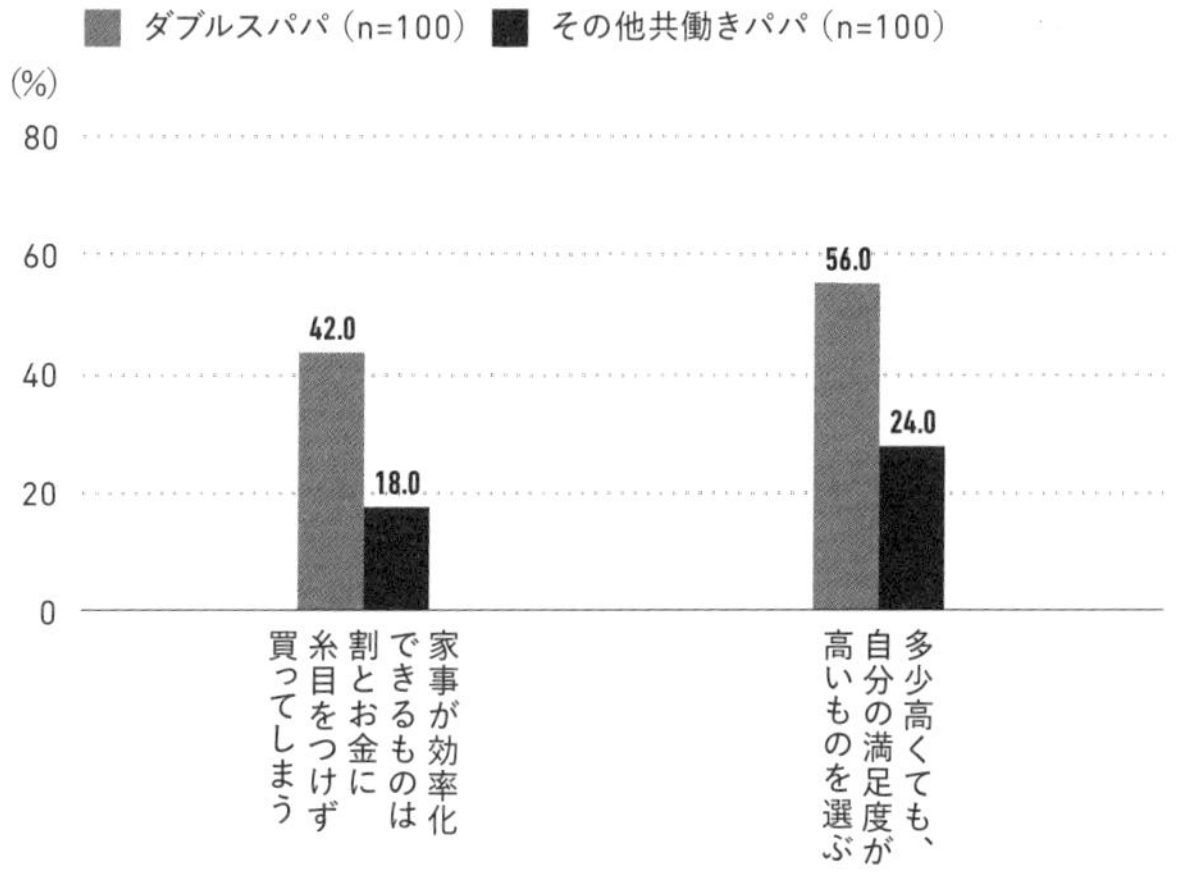

「ダブルス夫婦に関する調査」（2022年度）

パパよりも20ポイント以上高くなっています。

このような思考を持つ男性が今後増加してくるということは、家庭用品や育児用品について、今よりもさらに父親が重要な消費のターゲットになってくるということです。母親のインサイトだけではなく、父親独自のインサイトも捉える必要がありそうです。

消費は「価格」よりも「価値」重視のダブルスパパ

次に、「家で過ごす時間が好き」なダブルスパパは、どのような消費視点を持っているのでしょうか（図59）。

家事効率化に積極的であることはすでに説明しましたが、「家事グッズに対する消費意識」を聞いたところ、「家事が効率化できるものは割とお金に糸目をつけず買ってしまう」と回答した人が42％もいました。これはその他の共働きパパの回答（18％）の2倍以上です。

家事グッズなどの商品購入時にどんな点を重視しているのかを聞いたところ（図60）、特に「高機能なものを買いたい」と回答した人は24％で、ダブルスママやその他の共働き夫

図60　ダブルスパパの家事グッズ消費の視点

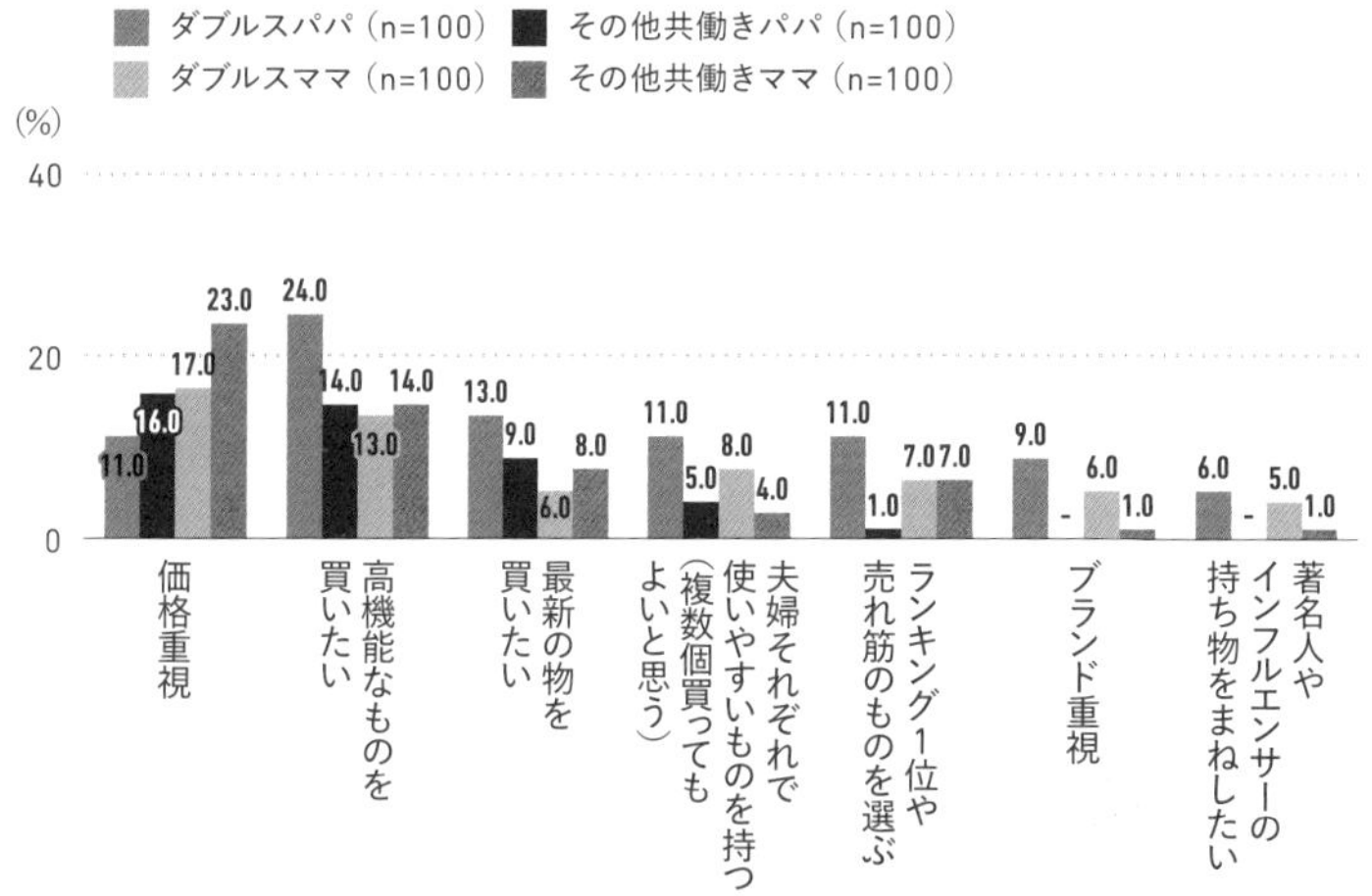

「ダブルス夫婦に関する調査」（2022年度）

婦と比較して、10ポイント以上の差をつけていました。安くて良いものを選ぶのではなく、高くてもいいから「良いものであると世間で認知されているものがほしい」という意識が強いようです。

また、「著名人やインフルエンサーの持ち物をまねしたい」という回答もやや高い傾向にあり、SNSでの情報感度の高さが見受けられます。

「パパ専用」の掃除グッズやキッチンツールがウケる？

また、注目したいのは、「夫婦それぞれで使いやすいものを持つ」と回答したダブルスパパが11％で、その他の共働きパパの2倍だった点です。いわゆる

「パパ専用」の家事グッズが求められているとも言えます。

パパインタビュー調査（2022年度）でも、このような声がありました。

- **掃除機は自分用と、妻用を所有**

週1回、自分がキャニスター式掃除機（ヘッド部分と本体がホースでつながっているタイプの掃除機）でしっかり掃除しているが、子どもが生まれてからは妻にこまめに簡単な掃除をしてもらっている。キャニスター式は重たいので、妻用に軽いコードレススティック掃除機を購入した。

- **パンづくりや低温調理用に、自分でオーブンレンジを選んだ**

高機能なスチームオーブンレンジを自分で選んで購入した。低温調理やスチーム調理は毎日使っている。ローストポークを定期的につくったり、発酵機能も使って妻が好きなパンも手づくりしたりする。こうした機能は自分しか使っていない。

図61 ダブルス夫婦の「相談消費」

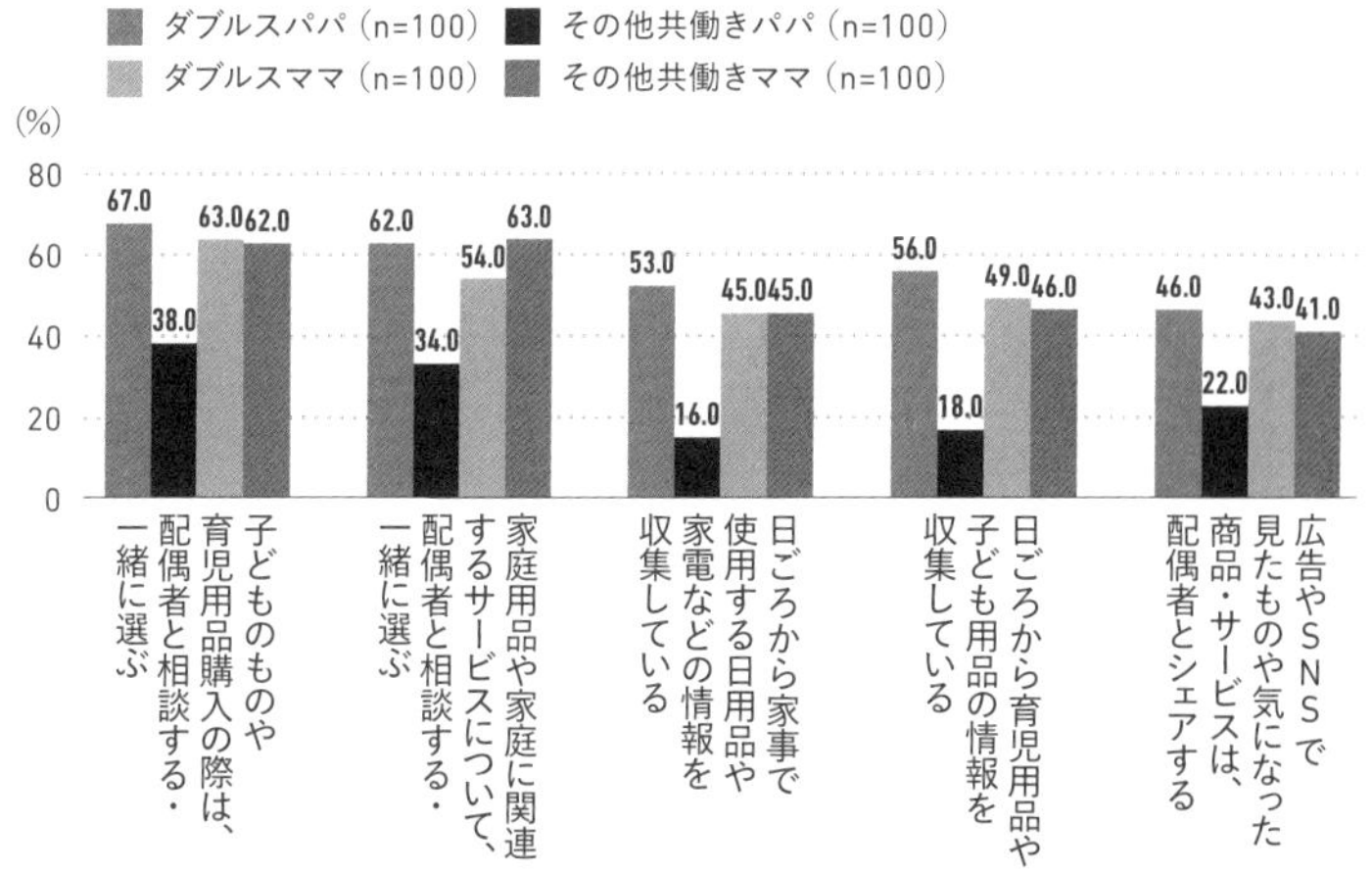

「ダブルス夫婦に関する調査」（2022年度）

今後は女性目線だけではなく、男性目線でつくられたグッズのニーズが高まると私たちは予想しています。

ダブルスパパは家事育児用品へのアンテナが高い

全体的に子育て中の共働き夫婦が情報をシェアする割合は高いものの、実は妻の情報感度や相談する意識が強い一方で、夫はそれほどではありません。

「子どものもの・育児用品購入の際は配偶者と相談する」割合は、その他の共働き夫婦では妻が62%に対し、夫が38%と大きな差があります（「ダブルス夫婦調査」、2022年度）（図61）。これは「妻から夫への相談」のみが多いからと推測できます。

図62　ダブルス夫婦の買い物行動

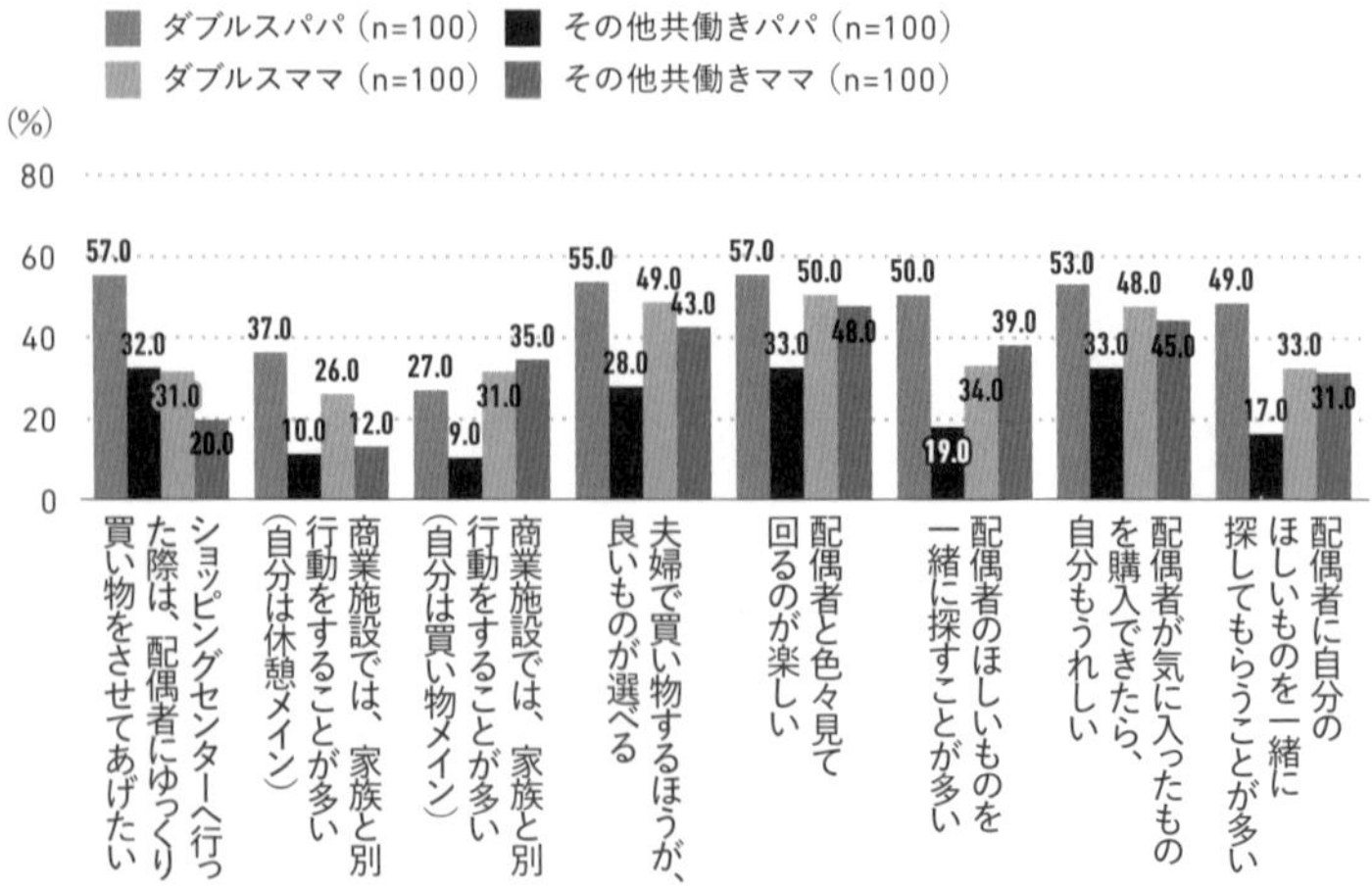

「ダブルス夫婦に関する調査」（2022年度）

ところが、ダブルス夫婦は妻（63%）、夫（67%）と、それぞれ高い数値です。「妻から夫への相談」「夫から妻への相談」がそれぞれ行われていると考えられます。「家庭用品や家庭に関連するサービス」に関しても同様の結果です。

共働きママの情報感度の高さは第5章でも触れましたが、ダブルスパパも「日用品や家電」「育児用品や子ども用品」に対して情報を取得しようと、妻以上にアンテナを張っているようです。SNSや広告で得られた情報も妻にシェアしています。

ダブルス夫婦は双方向で情報のシェアと相談をしながら、購入まで至っている様子がうかがえます。

「パパは子守り、ママは買い物」という認識はもう古い

ところで、子ども連れの家族の買い物風景として、父親がソファで休みながら子どもの相手をしている間に母親が買い物をするイメージがあるかと思います。ところが、男性が育休を取得したダブルス夫婦は少し様子が変わってきます。

図62は、買い物行動について聞いた結果です。注目したいのは、ダブルス夫婦は、それぞれ買い物の時間と休憩の時間を設けている点です。

妻が「家族と別行動して買い物をすることが多い」と回答する割合が高いのは想定通りですが、夫もその他の共働きパパと比較して18ポイントも高い結果が出ています。また、ダブルスママは「家族と別行動して休憩することが多い」と回答している割合が、その他の共働きママと比較して14ポイント高くなっています。

「個の時間も大切にする」夫婦ですので、父親は子守りしながら休憩、母親は買い物という役割分担ではなく、それぞれが満足のいく形でショッピングを楽しんでいるのではないかと思われます。

松屋銀座 男女コンバイン型アパレル売場。ウィメンズとメンズ両方を扱う。

夫婦での買い物体験の充実化が求められている

調査からは、一緒に買い物を楽しむダブルス夫婦の様子も見えてきます。「配偶者に自分のほしいものを一緒に探してもらうことが多い」は夫が49%、妻が33%。「配偶者が気に入ったものを購入できたら自分もうれしい」は夫が53%、妻が48%です。まるで恋人や友人のように過ごしている姿が浮かんできます。

自分がほしいものを探すのに配偶者が付き合ってくれる、また見つかると喜んでくれるということであれば、「もっと買い物をしたい」という気持ちを後押しすることにもつながります。それによって多少は財布の紐も緩むというものではないでしょうか。つまり、夫婦での買い物体験の充実化が、消費のカギになるわけです。

ダブルス夫婦のニーズを捉えた、老舗百貨店の取り組み

恋人や友人同士のように買い物を楽しむダブルス夫婦。彼らを想定したかのような売り場が、東京・銀座の「松屋銀座」5階にあります。

松屋銀座は、週末に夫婦やカップルで来店し、買い物を楽しむ傾向が増加していることを踏まえ、2023年3月に男女コンバイン（複合）型のアパレル売場を新設しました。

一般的に百貨店はメンズフロア、ウィメンズフロアというように、性別によって売り場を分けていますが、こちらの売り場では同じブランドショップのメンズとウィメンズを並べ、男女が一緒に買い物を楽しめる設計にしています。

2023年春夏シーズンは、同区画対比で前年比170％の売上を記録しました。

こちらの売り場では、パートナーとのつながりを意識してアイテムや柄、色を部分的に合わせて二人でおそろいを楽しむ「リンクコーデ」やパートナーや家族と洋服を共有する「シェアコーデ」を提案しているそうです。

図63 役割意識の配分比較（女性）

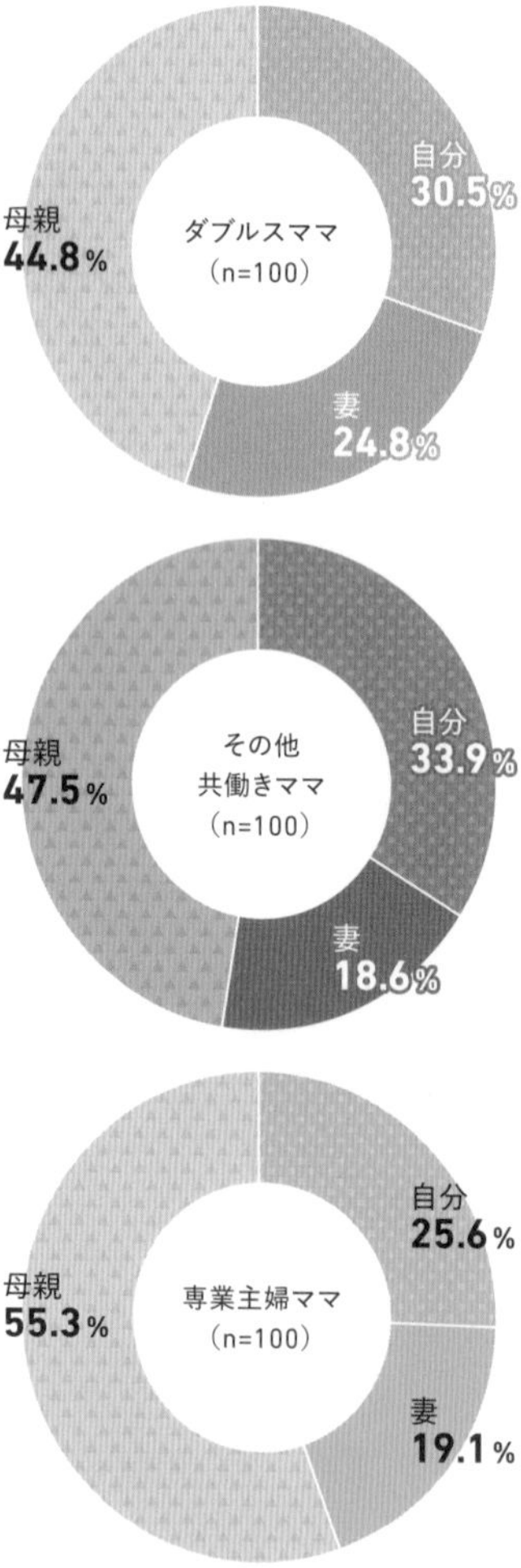

「ダブルス夫婦に関する調査」(2022年度)

老舗百貨店の新しい取り組みは、ダブルス夫婦に楽しい買い物体験ができる提案と言えるのではないでしょうか。

「仲良し」ダブルス夫婦が楽しめるサービス・商品が必要

恋人や友人のように買い物を楽しむダブルス夫婦。最後に、それぞれの意識についてひもといていきます。

図63は、ダブルスママ、その他の共働きママ、専業主婦ママが「毎日どのような認識で過ごしているか」を配分で表しています。

どの属性でも全体的に「母親」としての意識配分が多い結果となりました。ただし、専業主婦ママは過半数が「母親」である自分を意識しているのに対し、ダブルスママは「母親」が減り、「自分」「妻」の割合が多くなります。

私たちは、特にダブルスママの「妻」である意識が24・8%と、その他の共働きママの回答（18・6%）と比較して高い点に注目しました。この結果から配偶者を「子どものパパ」としてではなく、夫として捉えている意識が高いと考えられます。

図64 役割意識の配分比較（男性）

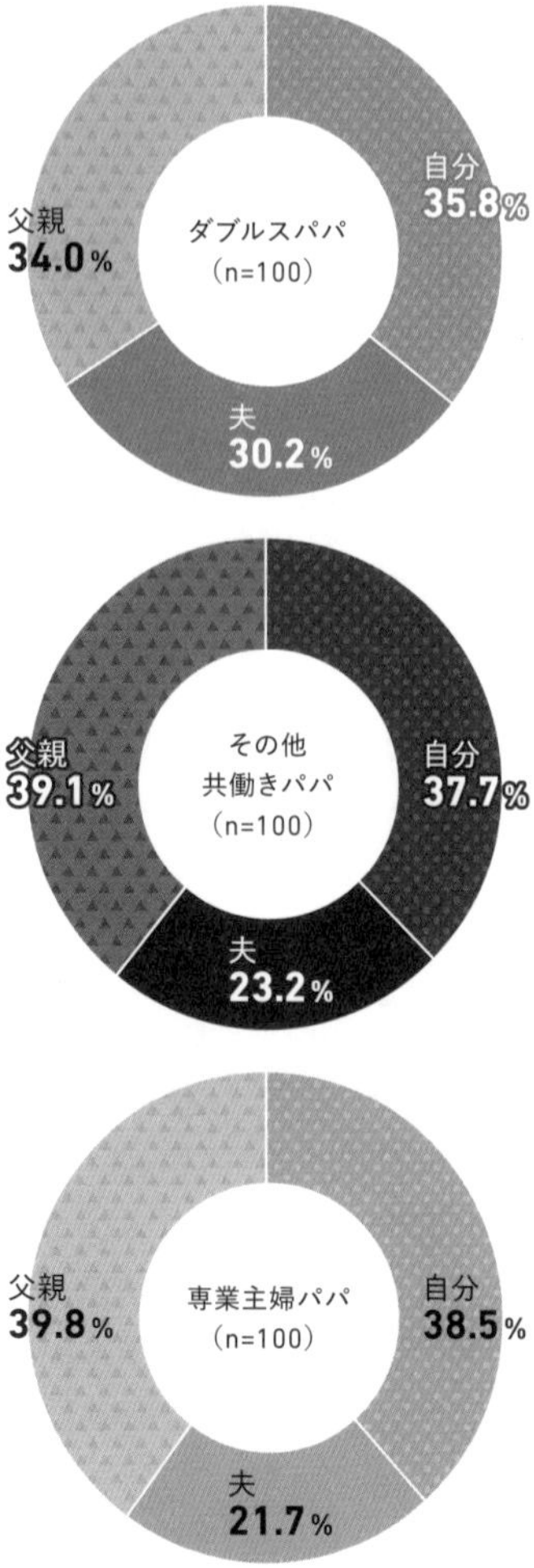

「ダブルス夫婦に関する調査」(2022年度)

この意識はダブルスパパも同じようです。「自分」と回答した割合はその他の回答者群と比較しても同程度なのに対し、「父親」として過ごす意識割合が減り（34％）、「夫」が増えています（30・2％）（図64）。

ダブルス夫婦が増加すると、夫婦で楽しむための消費の需要が増してくるかもしれません。

男性の育休で変化する夫婦像

これまで見てきたように、ダブルス夫婦は夫が育休を取得し、小さい子を抱えた日々の大変さを経験したことで、夫も自主的に家事育児に関わる「共育て」スタイルになります。その結果、妻が家事・育児にほどよく「力を抜くこと」ができるという好循環が生まれます。

また、夫自身が家庭用品や育児用品に対するアンテナも高く、積極的に情報収集して、夫婦双方向で相談しながら消費し合う様子が見られました。このような夫婦像は子育てする上では非常に好ましい関係と言えるのではないでしょうか。

ハンズからは、子育てする人のための「be with fam bag」が2022年に登場。

「ザ・ノース・フェイス」から2022年に発売された、抱っこに対応できるユニセックスジャケット。

男性も育休によって意識が変わることは、ダブルス夫婦がすでに証明してくれています。

子育てに費やす時間が増えるので、以前と同じように仕事に時間を使える状況ではなくなります。そのため、彼らは育休が明けても、以前と同じような働き方を望まないかもしれません。ワークライフバランスへの意識もさらに変化していくと考えられます。

雇用する側も今後は「子育てする女性」だけではなく、「子育てする男性」が働きやすい環境をサポートする体制が必要になってくるでしょう。

調査でも、「妻はリモートワークができないので、園への送迎や通院は在宅できる自分のほうが対応しやすい」という声もありました（「パパインタビュー調査」、2022年度）。

「子育てパパ」を意識した商品開発にチャンス

また、働く母親向けファッションはすでに雑誌で取り上げられていますが、「パパの送迎ファッション」という特集も人気を集めるかもしれません。実際、「ザ・ノース・フェイス」からは「Maternity+」という父親をメインターゲットにしたラインや、男女兼用で使用できる、ユニセックスのラインが展開されています。

ハンズからもマザーズバッグ（赤ちゃんとの外出用に開発された大容量、多ポケットつきバッグ）をより男性も使いやすいデザインにした、「be with fam bag」というリュックが登場しました。男女問わず、育児をする家族皆が使えるということがコンセプトです。

母親だけではなく当然父親も同じように育児を行う世の中になっていくという「共育て」社会への期待も込めて、イマドキファミリー研究所では「父親ならではの育児スタイル」にも今後注視していきたいと考えています。

イマドキファミリーの心をつかむ5つのポイント

これまで紹介してきた内容を総括して、イマドキファミリーをターゲットとする際に、覚えておきたいコミュニケーションのヒントをまとめました。

POINT 1

「あるべき像」の先入観は、今すぐ捨てよう

イマドキファミリーは、家事育児を夫婦で分担して日常生活をやりくりしています。そのため、

「これは夫の役割・妻の役割」といった線引きをされたくないという意識を強く持っています。

　また、朝食の事例でご紹介した通り、簡単な料理で済ませることに罪悪感は持っていません。簡単にすることで得られるメリットのほうが大きいので、戦略的に行動しているのです。「夫婦の役割はこうあるべき」「親ならこうするべき」という「あるべき像」の押し付けは、企業としての姿勢を問われることにもつながるため、そのような先入観を感じさせる表現になっていないか、さまざまな角度から検証しましょう。

POINT 2

「子ども」基点ではなく、「個人」「家族」基点で考えよう

ファミリーマーケティングというと、どうしても子ども中心に生活が回っている家庭を想像するかもしれません。実際のところ、書籍の中でも紹介した通り、親が子どもの成長や喜びのために行動したいという意識は高いです。

　一方で、家族それぞれが保育園・幼稚園・学校・職場に代表されるような別々のコミュニティで生活をする時間が長いこともあり、個人の時間を大切にする傾向も、特に近年顕著に見られる

ようになりました。母親・父親ではない時間を大切にすることで、集合体としての家族をより良いものにできるという新たな価値観です。

家族向けの商品を開発するとき、あるいは家族のシーンを表現する際に、個としての存在を尊重できているか、それは家族全体の幸せに結びついているかをチェックしてみるといいでしょう。

POINT 3

「考えなくて済む」を考えよう

イマドキファミリーは、時間的余裕のなさから家事全般を短時間で済ませるため、作業の時短だけでなく、「考えなくて済む」ことを求めています。そのため、「いろいろ考えなくてもこれだけでできる」といったコンセプトの商品は、まさにイマドキファミリーのニーズを満たすものと言えるでしょう。

また、「〇〇不要」「これが鉄板・正解」といった直感で理解できるメッセージは、あれこれ試したり悩んだりする必要がないことを後押しし、商品を手に取ってもらいやすいキラーワードとなり得ます。

POINT 4

「時短」は当たり前。「時短ながらも叶えられること」こそ、真の価値

今や「時短」を叶える商品はたくさん市場に出回っています。その中で、どこに差別化できる価値を置くかは、商品が勝ち残っていく上で非常に重要な視点です。

イマドキファミリーが時短を求める背景には、単に時間がないから何とかしたい、というだけではありません。そこには、「時短でもおいしいものを提供したい」「時短するだけでなく、子どもや家族に喜んでほしい」「生み出した時間は子どもや家族と楽しむ時間にあてたい」などのインサイトが隠れています。

「時短ながらも叶えたいこと」に思いを巡らせ、「時短に加えて叶えられること」を提供していくことが、イマドキファミリーに選ばれるカギとなります。

POINT 5

夫婦でシェアしやすい情報発信をしよう

イマドキファミリーは、育児・家事を分担し、商品購入においても夫婦で情報を共有してブランドを決定するのが当たり前になっています。

そのため、イマドキファミリーに向けて情報発信をする際には、「夫婦で情報共有しやすいか」「共有したくなる情報か」という点を意識する必要があります。

夫婦でシェアしやすいフレーズの開発やツールの使用、情報に接触した際に脳内にストックしやすいキーワードの開発など、夫婦の会話ややり取りに登場できるような工夫が有効です。

Interview

4

積水ハウス 共働き世帯向け住宅（トモイエ）

担当者に聞く

家は忙しい共働きファミリーがほっと一息できる場所。
イマドキの家族は、住まいにどんなことを
求めているのでしょうか。約15年にわたって
共働き向けの住宅を研究、提供してきた積水ハウスに、
ここ数年の共働き家族の変化について、
その変化を家の設計に
どのように生かしているかを聞きました。

「洗濯物を畳む時間も家族の団らん」という提案

——当研究所はフルタイム共働き子育て世帯の動向の研究をしていますが、近年は男性の育休取得促進によって、夫婦が対等な関係である家庭が増えているように感じます。積水ハウスの「トモイエ」は共働き世帯のニーズに合わせた住宅を提案していますが、この層にフォーカスした経緯を教えてください。

当社は長年顧客一人一人のニーズに合わせた家を手がけていましたが、ここ20年ほどで家族の形が多様化していると感じていました。さらに、社会全体で共働き世帯が増えているという実態もありました。そこで２００９年にスタートしたのが、共働き世帯の快適な生活をサポートする住まい、トモイエです。

立ち上げ当初は「スムーズな洗濯」「さっと隠せる収納」「夫婦それぞれの空間」など、いくつかのテーマに基づき、家事によるストレスの軽減を提案しました。

——私たちの調査でも、共働き子育て世帯の夫が実施している割合が高い家事として、洗濯物干しが上位に上がっています。妻が専業主婦の夫の実施率が25％であるのに対し、共働きの夫は60・３％と35ポイントも差がありました（子育て家族調査、２０２１年度）。な

ぜ洗濯の動線に着目されたのでしょうか。

当社が2008年に行った調査で、共働き夫婦は夜に洗濯する家庭が過半数を占めていることが明らかになりました。また、部屋干しをしている家庭が40％で、そのうちの約半数がリビングなどの居室内に干していました。室内干しすれば急な雨でも安心ですが、部屋に湿気がこもりがちになるというデメリットもあります。そこで天井から物干し竿を設置して、室内で洗濯物が干せるようにした「室内物干しスペース」を提案しました。研究所の中に同じような空間を準備して、洗濯物が生乾きにならないか、何度も実験を行いました。また、洗う・干す・取り込むという洗濯の流れを、なるべく一か所で済ませられるようにしました。

家事を団らん時間に変える発想から生まれた「ランドリーステーション」。畳を家族みんなで洗濯物を畳む場所として設計した。

家事の時短・効率化に加えて、2018年のリニューアル時には「家族の団らんをサポートする」というコンセプトを追加しました。子どもも含めた家族全員が家事に参加することが一家団らんにつながると考え、洗濯物を畳むスペースとして、床の一部を畳コーナーにする提案をしています。子どもと一緒にゲーム感覚で楽しく畳みながら、会話を弾ませるイメージです。

――「洗濯物を誰が畳むのか問題」は、どの家庭でも抱えているかもしれないですね。洗濯を団らんにつなげるという発想はどこから生まれたのでしょうか。

忙しい共働き世帯は、そもそも家族の団らんの時間が限られています。家族との時間を求める一方で、自分の時間もほしいという思いは、私たちが行った調査の対象者からも伝わってきました。そこで誰か一人が「洗濯物を畳む」という家事を抱えるのではなく、団らんの中に持ってきてはどうかと考えました。

――日ごろからその家事を担当している側の悩みとして、「誰かに任せること、教えること自体が負担になる」という声もあります。

例えば洗濯乾燥機はほったらかしで済む、時短になるという点に加え、家事に慣れていない家族に干し方を説明する時間が省略できる点や干し方を巡る揉めごとがなくなる点も訴求ポイントになると思います。このような提案は、住まいでもできるものなのでしょうか。

普段料理をしていない人から「何がどこにあるか」といちいち聞かれることも負担になりますよね。そこで、一目で食料品の在庫が見渡せるキッチンクロークの設置を提案しています。

また、リビングクロークを設け、掃除道具をここに収納する提案もしています。いつも家族みんながそろうリビングに掃除道具を置いて、気付いた人がやるという仕組みです。また、リビングにはロボット掃除機、各居室にはコードレス掃除機を置くというご家庭もあります。「子ども部屋に掃除道具を収納するクローゼットを設けて、子どもにも掃除をさせるつ

必要なものをぱっと出せてさっとしまえるウォークインタイプのリビングクローク。通称「リビクロ」。

もりだ」という声もありました。

――どこにあるか、いつやるかを考えなくて済むから、家事スキルが高くない人でもできる。これぞまさに、「家事のスキルレス」と言えますね。この仕組みができれば、家事分担のブレイクスルーポイントになる気がします。

家族の時間も個人の時間も、家の中につくれる

――ところで、当研究所の調査において「家事育児は二人でやるのが当たり前」「家族の時間も夫婦、個人の時間もそれぞれ大切」と考える夫婦が比較的若い層に多く、今後増加すると考えています。私たちはこのような夫婦をテニスに例えて「ダブルス夫婦」と定義していますが、ハウスメーカーとしてイマドキの共働き夫婦の変化をどのように受け止めていますか。

最近のお客様は情報感度が高く、勉強熱心という印象です。家づくりはこれまで女性が主導するパターンが多かったのですが、ここ数年は男性が家事動線や間取りについて要望を出すことが増えてきました。これにはコロナ禍による在宅勤務の増加も影響しているのか

もしれません。
積水ハウスが在宅勤務に関する調査を始めたのが、2017年。調査開始当初は本社のある大阪では「在宅勤務へのニーズはあるのか？」と反応が薄かったのですが、その後のコロナ禍で一気に全国に浸透しました。調査によると、女性は広々とリビングで仕事したい、男性はこもったところで仕事をしたいという傾向がありました。男女それぞれのニーズがあると実感しました。

——当研究所の調査でも、自分自身が育休を取得した夫は特に「家族でいる時間や自宅での心地良い暮らしを重要視する」というデータがあります。間取りの例を見ると、居室を狭くする代わりにリビングを広くする傾向にあると感じたのですが、これは最近のトレンドなのでしょうか。

床の間のある本格的な和室が求められなくなった代わりに、広々としたリビングへの要望が強くなっています。意識しているのは、空間に余白をつくること。家族みんなが集まりやすいからです。用途を決めない余白があると、子どもが小さいときは遊び場として、小学生の間はデスクを置いて学びの場に使えます。親にとってはテレワークをする場所としても、くつろぎながらヨガなどをするスペースにもなります。「クリスマスツリーを飾る場所ができた」という声もありました。一昔前までは、団らんといえば「お茶の間でテレビを見る」イメージでしたが、今は異なります。それぞれがスマホを眺めていても、そこに家族の気配があり、声をかけたら話せれば、それが団らんなのです。

リビングを広くする代わりに子ども部屋を小さくしたいという要望も増えています。子どもが家にいる期間、加えて子ども専用に独立した部屋として使用する期間が短いという実態からです。特に小学生のうちはリビングやダイニングで勉強するというご家庭も多いので、ニーズに合っているのではないかと思います。

――個の時間を大事にしながら同じ空間で過ごす。それを団らんと思えれば、家族がスマホに夢中でも前向きに捉えられるかもしれません。イマドキらしい家族の形ですね。

コロナ禍を経て、家の中でやれることが増えました。楽器を始めた人も多かったので防音室が役立ったという話はよく聞きますが、筋トレ部屋として防音室を活用したという声もありました。器具を使って運動しても、音が響かないからです。

また、書斎をつくったものの活用しきれていなかった人が、コロナ禍でその便利さに気づいたという話もあります。仕事以外でも、集中したいときは書斎にこもるそうです。外に行くことで一人の時間をつくるのではなく、家の中でもつくれる。住まいそのものが持つ多様性に気づき始めた人も多いのではないでしょうか。

「家事が家族の思い出になる」住まいを提供したい

——話は家事の分担に戻りますが、「家事はそれぞれが得意なことをやればいい」という傾向が顕著になってきています。特に男性が育休を取った夫婦でその傾向が強く、昔のように「妻、母親が料理する」という思い込みはなくなってきているようです。

私たちもそう感じています。当社の調査でも、家事はこだわりが強いほうが担当するという形で分担する様子がうかがえました。実際に、インタビュー調査でも「洗濯物もぴっちりシワを伸ばしたいから僕がやっています」と答えた男性もいました。料理へのこだわりが強い男性も増えていて、「毎食自分がつくる」と答えた人もいました。料理等食に関する家事への関わりを聞くと、女性は専業主婦、共働きそれぞれから回答が得られるのに対し、男性はほとんど共働きの人です。調査結果からも、共働き夫婦は関係が対等で、お互いが家のことを一緒にやる意識が根付いてきていると感じます。男性が育休をとることで家事に参加する機会が増えたことに加えて、世間も「夫婦二人で家事に取り組むのは良いこと」と後押ししてくれる。良い流れができていると思います。

——当研究所の調査でも、料理をする際に意識している点として「多少値段が高くても良い食材を使いたい」「調理器具にはこだわりたい」と答えた人の割合は、ダブルス夫婦では女性よりも男性のほうが多かったです。どこかにこだわりを持つことで、家事の時間を少しでも楽しくしたいという思いが伝わってきました。このような声は開発にどう生かされているのでしょうか。

夫婦どちらも、または一緒に料理することを想定して、複数人がキッチンに入れるように開発したのが「セパレートキッチン」です。コンロを壁付け、シンクをアイランド型にするなどして二つのカウンターを設けることで、作業の同時進行がしやすくなりました。

また、帰宅後は子どもがお腹を空かせているので、親が夕食をつくりながら子ど

“ふたり調理”の導線を考えて設計された「セパレートキッチン」。

もに食べさせるという話もよく聞きます。キッチンとダイニングテーブルが離れていると、どうしてもつくっている人は食事の団らんに入れません。そこで、セパレートキッチンの進化系として、シンクを壁付け、ＩＨコンロを一般的なダイニングテーブル高さのカウンターに内蔵したキッチンテーブルを開発しました。

――料理しながら食事する子どもと目線を合わせて会話できるというわけですね。まさに忙しいイマドキファミリーのニーズを満たした商品だと思います。共働きフルタイム世帯の増加や、男性の育休取得率向上などによって、家族の形はさらに変化していくと思われます。これからの住宅には何が求められていくと思いますか。

「夫婦だけではなく、家族みんなで家事をする」というニーズは高まってくると思います。家族で取り組んだという思い出が残る住まいづくりをサポートできればと考えています。

――みんなでやると、それがたとえ家事であっても楽しいですよね。「子どものころ、秋に家族総出で落ち葉掃きをしたのが楽しかった」と話す研究所のメンバーもいました。家事を楽しむという視点は、参加しやすい環境を企業から提案することもできると感じました。

忙しい中で、子どもにお手伝いの仕方を教えるのも大変ですよね。指示する時間を考えたら自分でやったほうが早いと思ってしまいます。でも、住宅が「一目でわかる」「聞かなくてもわかる」仕組みになっていたら、子どもが自ら参加したいと思えるかもしれません。今後もこれからの家族に寄り添う提案を続けていきたいです。

積水ハウス
沢辺泰代さん
Yasuyo Sawabe

業務役員 R&D本部
住生活研究所長

積水ハウス
太田聡さん
Satoshi Ota

R&D本部 住生活研究所
ライフスタイルグループ
グループリーダー

積水ハウス
服部正子さん
Akiko Hattori

R&D本部
住生活研究所
スペシャリスト

第7章

未来の家族はこんな提案を待っている

「やらなくてもいい」が新しい価値になる

未来のイマドキファミリーが求める商品、サービスとは

ここまで、子育て世帯の中で多数派になった「共働き世帯」について掘り下げ、共働き夫婦のパターン分類も紹介しました。その中で、今後主流となってくると考えられる、夫が育休を取得した「ダブルス夫婦」の意識や生活についても触れました。

「ダブルス夫婦」は、家事や育児を「妻の役割」と決めつけることなく、夫婦対等であることを重視しています。家事や育児において、夫婦がお互いにできることをしながら、助け合い、支え合うスタイルです。さらに、家族単位・夫婦単位での時間も充実させながら、個人としての時間も大切にしています。

このような夫婦が求める商品やサービスやコミュニケーションは、今後どのようなものになっていくのでしょうか。その未来予測をしてみましょう。

「やらなければ」という負担を軽減する提案が求められる

まず前提として、イマドキファミリー研究所が考える「家庭を回すために日々行っている行為（育児や家事のタスク）」の3つの分類を紹介します。

①生きるために必ずやらなければならないこと
②生きるために必須ではないが、「やらなければならない」と思い込んでいること
③生きるために必須ではないが、自分や家族が喜ぶので（自分も楽しいと思って）やっていること

実は①として挙げられるのは「栄養、睡眠を取る」「不衛生すぎる状態にはしない」「社会との接点を持つ」くらいで、暮らしの豊かさを重視しなければ、さほど多くはありません。

しかし、生活を充実させることや、人生の幸福度を求め始めると、とたんに②や③が増

えていきます。

当研究所は、②のような「生きるために必須ではないが、既成概念に捉われて『やらなければならない』と思い込んでいること」からの脱却こそが、未来のファミリーマーケティングを考える糸口ではないかと考えています。

第2章で「『一汁三菜』という食文化に捉われすぎると、日々の夕食づくりを負担に感じてしまうのではないか」と考察しましたが、「やらなければ」を、「やらなくてもいい」に転換させる提案をすることで、企業はイマドキファミリーにとっての新しい価値を提供し

イマファミ研の
「こんなサービスあったらいいな」❶

クリスマスツリーやひな人形、端午の節句の兜などは、子どものために飾ってあげたい気持ちはあっても、時間や労力を考えると億劫に感じてしまう人も少なくないはず。そのような家庭に向けて、飾り物の保管・管理や飾りつけをしてくれることまでを含んだサービスはニーズがあるのではないでしょうか。
また、子ども服や自転車も成長してサイズアウトしたとたんに、「片付けなければいけないもの」に変化します。フリマアプリや買取り・リサイクルするサービスも増えていますが、自転車やベビーカーのように場所を取るものは、販売した側が責任をもって回収するサービスがあれば助かる人が増えるのではないかと思います。特に成長ごとに買い替える自転車は、長期的なリースという考え方もアリかもしれません。

ていくことができるのではないでしょうか。

「やらなければ」を減らすコンシェルジュサービスも登場

「やらなければ」を減らすサービスとして、今注目されているのが、「ファミリーコンシェルジュ」です。

これは子どもの習い事や塾のリサーチ、家族旅行プランなどの調べ物や宿の手配まで、まるでコンシェルジュのように代行してくれるサブスクリプション型のサービスです。

第3章で触れた通り、家庭運営に関する日々の情報を入手・整理し、考えるという「隠れた家事」は、妻が中心となっていることがほとんどのようですが、ファミリーコンシェルジュサービスはその隠れた家事の担い手として新たな解決方法を提案しています。人の手を借りることで、忙しい日々の中から「考える」を少しでも省略することができるのです。

「やらなくてもいい」を後押しする「ほったらかし」機能

家電への採用が増えている「ほったらかし」機能も「やらなくてもいい」を提案していると言えるでしょう。

洗剤自動投入の洗濯機、自動調理鍋の市場は、今後ますます拡大していくものと考えています。最近では米の計量まで自動でやってくれる炊飯器も登場しています。

また、「買い忘れ」を防ぐための機能やサービスも、本質的には「考えることを誰かに頼る」ということに該当していると思います。Amazon定期便がその代表例ですが、学習用ノートにも同じようなしかけが見られます。「次に使うノートを準備しよう」と

イマファミ研の「こんなサービスあったらいいな」❷

「ほったらかし」は食品分野でも応用できる可能性があります。技術開発が進むことで、自然解凍で食べられるとうたう冷凍食品も増えています。お弁当用のような小さな惣菜だけでなく、餃子やハンバーグなど冷凍庫から朝出しておけば、そのまま一品で夕食のおかずになるような商品が実現するかもしれません。

また、買い忘れ防止のリマインダ機能に関しては、例えば、残量が見えにくい食品保存用ラップや箱タイプのティッシュペーパーでも取り入れられそうです。

いった記載のあるシールが付属していて、子どもが自分で好きなページに貼って使います。

商品自体に買い忘れ防止のリマインダ機能を持たせることは、さまざまな商品群でも取り入れられそうです。買い忘れ防止の工夫をすることで、競合へのスイッチ防止にもつながるのではと思います。

古い「父親・母親像」をリセットしよう

子どもも家庭の「戦力」という考え方

「やらなければ」「こうあるべき」という思い込みから脱却して新しい価値を提供するために、マーケターはこれまでの「父親・母親像」、つまりロールモデルの概念をリセットしてみることも重要です。

そもそもダブルス夫婦は、「料理をつくるのは女性」など、性別による役割分担はしません。商品やサービスをつくる・提供する・コミュニケーションで伝えていく側もそのことを忘れてはいけません。

ここ数年で、育児用品・家事グッズなどもジェンダーレスなデザインが見られるようになってきています。今後はさらに「父親も母親も使いやすい」という切り口での製品も出てくるでしょう。

さらに、3〜5歳の子を持つ母親を対象にした質問では「子どもを頼りにするようになった」と答えた専業主婦ママが46・7％だったのに対し、共働きママは60・6％と高い水準にありました（「コロナ禍におけるパパ・ママの意識・行動変化調査」、2020年度）。また、6〜9歳の子がいる共働き家庭では、13・1％の子どもが平日の夕食を「親と一緒に調理」しています（「夕食実態調査」、2018年度）。

このように、共働き家庭では、子どもも家庭運営の一員として捉えている様子がうかがえます。そのため、今後家事グッズなどの商品選びの際に、男性目線に加えて、「子ども目線」が重視される可能性も出てくるのではないでしょうか。

子どもが使いやすい家事グッズとして握力が弱くても開けやすいボトルや瓶、子どもが喜ぶような色付きの泡が出る食器用洗剤など、新たな評価ポイントが生まれるかもしれません。

「誰かに任せる」という新たな切り口

コンシェルジュサービスは「人の手を借りる」ことを提案していますが、「自分がやるべきと思っていることを誰かに任せる」という提案も一つの切り口です。

例えば、毎日のメニュー決め。スーパーマーケットのアプリで、前後の買い物状況から足りない栄養素を提案してくれるものがありますが、今後AＩがさらに浸透すれば、栄養バランスはもちろん、家族の好みや冷蔵庫の中身、果ては学校給食のメニューまでも考慮して、夕飯メニューを提案してくれるかもしれません。

調理に関して、「自分で材料を切る」作業を省けるという点では、カット済みの野菜やミールキットも「人に任せる」商品と言えます。

すでに骨取り済みの魚の切り身を販売しているスーパーマーケットもありますが、さらに細かい利用シーンやシチュエーションを想定し、本来ならば自宅でやる作業を企業側が請け負うことで新しい需要を掘り起こせる可能性もあります。

家族の気配を感じられる場所で「自分らしく過ごしたい」

お互いにできることを分担しながら支えあう「ダブルス夫婦」。夫婦仲・家族仲が良いことが特徴ですが、「個人の自由な時間」も必要としていることは第6章でも触れました。

これは「家族はいつも一緒にいるべ

イマファミ研の「こんなサービスあったらいいな」③

チンジャオロース用に細切りにカットした肉や幼児用に一口サイズにカットしたうどん。子ども用と大人用の二種類の味がセットになったカレールー、子どもが食べやすいサイズにカットされた食パンなど、子育て目線になると、「あったら便利」な商品はたくさんあります。
また、「1歳からの○○」という菓子類をよく見かけますが、実はチョコレートやソフトキャンディは、4歳くらいから子に与える割合が高くなってきます。幼稚園に入園する年ごろの子をターゲットに「4歳からの○○」シリーズなどを展開すると、小さい子を持つ親の目を引きそうです。

き」という思い込みからの脱却と言えるかもしれません。

ポイントは家族が全くバラバラに過ごすのではなく、適度な距離感で互いに自由に過ごすという点です。

「家族と同じ時間や楽しみを共有したい」「家族との思い出づくりを大切にしたい」という意識が強いのも、ダブルス夫婦の特徴です。家族の時間と個人の時間、どちらも充実させる、そのバランスが重要なのです。

夫婦それぞれの時間、もしくは自分の時間を取るために、子どもを誰かに預けるという選択を取る人もいますが、その際に親といるときには得られない体験を

適度な距離感で互いに自由に過ごすのが心地いい

通じて学びがあるという要素も重要です。

近頃では、子どもに公園で走り方やボールの投げ方を教えてくれる、スポーツの家庭教師も登場しています。

今後は、学習面だけでなく、「子どもに体の動かしかたを教える」「子どもと一緒に遊ぶ」ことも、時にはプロにお任せする領域になっていくかもしれません。

「幸せ家族」の増加がファミリー市場拡大の一助につながる

休日に子どもと離れることで生まれた時間で、両親がそれぞれ自分らしく過ごす。それが幸せな家庭生活につながり、最終的に社会全体にとっての大きな財産になるのだと思います。

そして、そのような「幸せな子育て家庭」を増やしていくことこそが、「ファミリー層予備軍」が将来「ファミリー層」となることへの期待を醸成し、次世代のファミリー層の維持、すなわちファミリー市場拡大という根本的なマーケティングの一助につながっていくはずです。

本章は「未来の家族」と銘打ちましたが、企業は共働き夫婦の「今」にていねいに寄り添いながら、彼らの意識や思考を掘り下げ、インサイトに迫っていくしか方法はありません。

今後、ファミリーがどのように変化し、どのような未来になっていくのか、イマドキファミリー研究所のメンバーも楽しみにしています。新たなファミリー像を今後も追いかけ、細やかな変化を発見、発信していきたいと思います。

Check

イマドキファミリー攻略のためのチェックリスト

これまでの章で挙げたポイントを改めて一覧の形でまとめました。施策のチェックリストとして、また各章の内容を再確認するための索引として、ご活用ください。

第1章　変化する世帯スタイルとイマドキファミリーの価値観 より

- □ 時間的に余裕の少ないイマドキファミリー、すきま時間の使い方に着目すべし ―≫― p.37
- □ イマドキファミリーは時短のための投資には前向き ―≫― p.53

- □家族との時間も自分の時間も、どちらも大事 …… p.55
- □家事・育児は夫婦でシェア。夫の家事・育児参加が妻の幸福度を上げる …… p.67

第2章 イマドキファミリーの「食」事情 より

- □時短はもはや当たり前。プラスアルファの価値訴求が必要 …… p.55 p.90
- □「忙しいママは家事の手抜きに罪悪感がある」という先入観を持つべからず …… p.92
- □料理は「手軽さだけ重視」でも「常に完璧を目指す」のでもなく、一日単位、一週間単位でバランスが取れれば良しとする …… p.95
- □子の機嫌が良い≒生活がスムーズに回ることが、ママの大きな願い …… p.97

第3章 思考をアウトソーシング「考えない戦略」に商機 より

- □「考えなくて済む」商品・サービスなら、不慣れな人にも家事タスクをシェアしやすい …… p.113

第5章　イマドキママのインターネット活用術 より

□ 情報はテレビだけでは届かない。ネットでの情報配信もタイミング×インサイトを見計らって　p.174

□ 口コミに加えて、専門家の意見や根拠を重要視　p.177

□ 共働きママの情報収集タイムは「一日3回」。電車通勤中の往路復路で求める情報に違い　p.182

第6章　イマドキ「共働き・共育て夫婦」の現在地 より

□ これからは「ダブルス夫婦」が共働きの定番スタイル。役割分担は「男女差」「給与差」ではなく、「好き嫌い」「得意・不得意」で決まる　p.214

□ 「ダブルスパパ」は料理好きが多い。パパ向け家事育児グッズに商機　p.233

□ 男性が育休を取得した「ダブルス夫婦」は仲良し。夫婦時間を楽しめる商品やサービスの開拓を　p.237

第7章　未来の家族はこんな提案を待っているより

おわりに

最後まで読んでくださり、ありがとうございました。

本書の前半では主に「イマドキの共働き家族」について、後半では「未来の子育て夫婦像・ダブルス夫婦」について述べています。現在はまだ過渡期にあり、本書で述べているようなダブルス夫婦が主流となるには、まだ少し時間がかかりそうですが、子育て家族の実態や意識は確実に変化していると感じます。

時間のない中で共働きの夫婦が日々の家事・育児に奮闘する様子を紹介してきましたが、夫婦二人でひたすら大変になっていくことは決して望ましい姿とは言えません。家事・育児を手助けしてくれるような商品を活用したり、アウトソーシングしたりしながら、家族全員がもっと育児や家庭運営を楽しめる未来になっていけたらと切に願っています。そのための企業の商品開発や、商品の存在を知ってもらうためのマーケティング・コミュニケーションの、そして同じ未来を志向するマーケターやプランナーの一助に、本書がなれたら幸いです。

本書の中で「『共働きパパの育児意識や家事意識』が共働きママの意識に近づいている」と述べましたが、実は「専業主婦ママの家事シェア意識や、時短商品の活用度合」も、共働きママの割合に近づきつつあります。また、シャチハタへのインタビューでは「子育て家族向け商品が、介護向け商品としても応用できる」という気付きを得ました。

これらは、「ある尖った困りごとを抱える層」に向けた商品を開発することで、それ以外の層にも響く見込みがあるということを示しています。「まだ主流ではない一歩先の家族像」を研究してきた当研究所にとっても、大きな励みとなりました。

企業は一歩先の子育て家族層に向けたマーケティングに取り組むことで、より大きな市場にアクセスできる可能性があるのです。

私たちが共働き家族を研究しながら常々思うことは、共働き家族も専業主婦の家族も、皆それぞれに大変さや楽しさがあるということです。変化する時代に応じた「イマドキ家族」の研究が、さまざまな形の子育て家族の幸せにつながるのではないかという思いを胸に、当研究所は家族と企業がともにハッピーになれるような活動をこれからも模索していきたいと考えています。

最後になりましたが、この本を世に出すためにたくさんのサポートをくださった編集者の刀田聡子さん、樋口可奈子さん、そして、インタビューに快く応じてくださった企業の皆様、本書の完成にお力添えいただいた皆様に、深く感謝を述べたいと思います。また、執筆業務でさらにバタバタとなった日々を共に過ごしてくれた家族にも、改めて「ありがとう」と伝えたいと思います。

2023年12月

イマドキファミリー研究所
メンバー一同

イマドキファミリー研究所®

[イマドキファミリー研究所]

企業と子育て家族の最適なコミュニケーションを発見・創造することをミッションとした（株）ジェイアール東日本企画の生活者研究ユニット。主に現代の共働き家族を対象に研究を行っている。研究所メンバー全員が、共働きで子育てをしている戦略プランナー。イマドキ家族の実態・インサイトを捉える調査研究と、メンバーのリアルな知見をもとに、企業のマーケティング・コミュニケーション全般を支援している。

研究所HP：
https://www.jeki.co.jp/field/imafami/

研究所メンバー

研究所リーダー／
エグゼクティブ・ストラテジック・ディレクター
高野裕美

シニア・ストラテジック・プランナー
澤裕貴子

シニア・ストラテジック・プランナー
荒井麗子

シニア・ストラテジック・プランナー
土屋映子

ストラテジック・プランナー
河野麻紀

宣伝会議 の書籍

The Art of Marketing マーケティングの技法
音部大輔 著

メーカーやサービスなど、様々な業種・業態で使われているマーケティング活動の全体設計図「パーセプションフロー・モデル」の仕組みと使い方を解説。消費者の認識変化に着目し、マーケティングの全体最適を実現するための「技法」を説く。ダウンロード特典あり。

■本体2400円＋税 ISBN 978-4-88335-525-9

パーパス・ブランディング
「何をやるか？」ではなく、「なぜやるか？」から考える

齊藤三希子 著

近年、広告界を中心に注目されている「パーパス」。これまで海外事例で紹介されることが多かったパーパスを、その経験と知見からあらゆる日本企業が取り組めるようにまとめた。「パーパス・ブランディング」の入門書となる一冊。

■本体1800円＋税 ISBN 978-4-88335-520-4

なまえデザイン
そのネーミングでビジネスが動き出す

小藥 元 著

競合他社に埋もれない「商品名」、人を巻き込みたい「プロジェクト名」、覚えやすく愛される「サービス名」、社員のモチベーションをあげる「部署名」…それ、なんて名づけたらいい？ 数々の商品・サービス・施設名を手がける人気コピーライターが、価値を一言で伝えるネーミングの秘訣とその思考プロセスを初公開。

■本体2000円＋税 ISBN 978-4-88335-570-9

手書きの戦略論
「人を動かす」7つのコミュニケーション戦略

磯部光毅 著

コミュニケーション戦略を「人を動かす人間工学」と捉え、併存するコミュニケーション戦略・手法を7つに整理。その歴史変遷と考え方を〝手書き図〟でわかりやすく解説。各論の専門書に入る前に、体系的にマーケティング・コミュニケーションを学ぶことができる。

■本体1850円＋税 ISBN 978-4-88335-354-5

進化するイマドキ家族のニーズをつかむ

共働き・共育て家族マーケティング

発行日　2024年2月27日　初版

著者　ジェイアール東日本企画
イマドキファミリー研究所

発行人　東彦弥

発行元　株式会社宣伝会議
〒107-8550 東京都港区南青山3-11-13
TEL. 03-3475-3010（代表）
https://www.sendenkaigi.com/

ブックデザイン　新井大輔　八木麻祐子（装幀新井）

イラスト　イタガキユウスケ

編集・対談構成　樋口可奈子

DTP　Isshiki

印刷・製本　三松堂

ISBN 978-4-88335-592-1

Printed in Japan